AF 483062

 LA PARISIENNE,

COMÉDIE-VAUDEVILLE EN DEUX ACTES,

PAR MM. ÉMILE SOUVESTRE ET DUBOIS-DAVESNES,

Représentée pour la première fois, à Paris, sur le théâtre du Gymnase-Dramatique , le 28 septembre 1844.

Personnages.	*Acteurs.*
LE MAJOR DUFOUR...	M. LANDROL.
EDOUARD , son fils..	M. RHOZEVIL.
RAOUL DE SORAN	M. LUGUET.
JÉROME , jardinier...	M. SYLVESTRE.
Mme VICTOIRE DUFOUR..	Mme LAMBQUIN.
STELLA DE BLIGNY , femme d'Edouard..............................	Mlle NATHALIE.
ROSE , nièce de Mme Dufour...	Mlle VALLÉE.

La scène est à Ancenis.

ACTE PREMIER.

Le théâtre représente un cabinet de travail. Bureau à gauche , guéridon à droite. Il y a sur le bureau des registres , et sur le guéridon un tricot commencé. Porte au fond. Consoles à droite et à gauche de la porte du fond. Portes latérales à droite et à gauche.

SCÈNE I.

JÉROME, ROSE.

(Jérôme est occupé à frotter les meubles. Rose entre en tenant à la main un bonnet qu'elle vient de monter.)

ROSE.

Ma tante !.. ma tante !.. Tiens, elle n'est pas ici !..

JÉRÔME.

Mme Dufour !.. Ah bien ! oui !.. on ne la trouve nulle part !.. elle ne peut pas tenir en place depuis hier que sa bru est arrivée... Si ça continue...

ROSE, posant le bonnet sur le guéridon à droite.

Il le faudra bien, puisque mon cousin vient demeurer ici... avec sa femme.

JÉRÔME.

Permettez, Mam'zelle Rose, on bouleverse toute la maison,.. Mais j'me dis une chose, moi... Vous ne la connaissez pas, votre cousine ?..

ROSE.

Non, puisque le mariage a eu lieu à Paris pendant l'accès de goutte de mon oncle, et que nous n'avons pas pu y assister... Nous avons vu hier la femme de mon cousin pour la première fois.

JÉRÔME.

Eh bien ! pourquoi se donner tant de peine ? Peut-être bien qu'elle n'est pas si difficile, c'te femme.

ROSE.

Pas difficile !.. Mais tu ne songes donc pas que c'est une grande dame... une Parisienne !..

JÉRÔME, d'un air hébété.

Ah ! ah !.. c'est juste... Une Parisienne ?.. c'est pas une femme comme une autre...

ROSE.

Aussi, Dieu sait ce que nous allons devenir ! N'a-t-il pas déjà fallu céder ma chambre à cette nouvelle venue!.. Tout va être changé dans la maison.

JÉRÔME.

Ah! je sais ben... Croiriez-vous que Mme Dufour m'a dit hier qu'il faudrait peut-être cirer les parquets... (Haussant les épaules.) Cirer les parquets... ousqu'on marche... Faut-y avoir envie de briller!.. Mais pourquoi donc votre oncle et votre tante ont-ils permis ce mariage?..

ROSE.

Mon Dieu! ils n'ont pu s'opposer aux désirs de mon cousin... quoiqu'ils eussent préféré le voir se marier ici... car ils avaient d'autres projets... oh! que je ne regrette point, pour ma part. Mon cousin a eu raison de faire un choix qui puisse servir à son ambition.

JÉRÔME.

Son ambition!.. Il me semble qu'il doit être content : à trente-deux ans, colonel, décoré, et fils de M. le maire d'Ancenis.

ROSE.

Oui, mais il a été séduit, sans doute, par l'idée d'épouser Mlle Stella de Bligny.

JÉRÔME.

Stella de Bligny ! C'est bien ce nom-là... C'est elle dont parlait M. le comte de Soran.

ROSE.

Tu es sûr ?

JÉRÔME.

Sûr... Mais, dites donc, Mamzelle Rose, faut pas répéter ce que je vous ai dit là-dessus.

ROSE.

Pourquoi cela ?

JÉRÔME.

Dame ! vous savez comme est votre oncle... Un ancien major de la garde, qui ne comprend la fidélité que du temps de l'Empereur... parce qu'il lui a parlé à Bautzen...

ROSE.

Le 20 mars...

JÉRÔME.

1813... comme il dit toujours... (Plus bas.) Puis, si on lui rappelait que j'ai servi parmi les royalistes, ça pourrait lui donner idée de me surveiller...

ROSE.

Ah!.. tu crains...

JÉRÔME.

Oh! du tout!.. Seulement j'ai peur qu'on ne découvre notre fugitif.

ROSE, effrayée.

Chut, donc!..

JÉRÔME, regardant autour de lui.

Il n'y a pas de danger... Je lui ai apporté des provisions ce matin.

ROSE.

Et tu l'as averti de redoubler de précautions, maintenant que mon cousin était arrivé?

JÉRÔME.

Y dormait, et j'ai pas osé le réveiller ; mais il est bien caché, et comme, grâce à vous, il ne manque de rien...

ROSE.

Mon Dieu! j'ai eu tort de me mêler de cette affaire... Mais c'est toi qui es venu me confier qu'il y avait un proscrit caché dans la maison voisine, et je me suis laissée aller au premier mouvement d'intérêt... de pitié... car je ne connais même pas ce jeune homme.

JÉRÔME.

Oh!.. si, vous pouvez dire, Mamzelle Rose!.. Quand vous travaillez, il est toute la journée à sa lucarne pour vous voir...

ROSE, vivement.

Je veux dire que je ne connais pas sa famille. Tu m'as seulement dit qu'il vous commandait, sous le nom de Feuille-de-Chêne.

JÉRÔME.

C'était son nom de guerre et j'en sais pas plus long. (A part.) Il m'a bien défendu d'en dire davantage.

ROSE.

Je voudrais pourtant bien savoir...

LE MAJOR, à la cantonnade.

Jérôme !

ROSE.

Mon oncle !..

SCÈNE II.

JÉROME, LE MAJOR DUFOUR, ROSE.

LE MAJOR.

Jérôme... Jérôme... Jér...

JÉRÔME, tranquillement, se trouvant sous le nez du major.

Est-ce que vous m'appelez, Monsieur ?

LE MAJOR.

Ah ! te voilà, paresseux !

Mme DUFOUR, entrant par la porte à gauche. *

Eh bien! à quoi pensez-vous donc, M. Dufour, de crier ainsi?..

LE MAJOR.

C'est ce nigaud que j'appelle.

Mme DUFOUR.

Chut! taisez-vous donc... vous allez réveiller notre bru.

LE MAJOR.

Ah! diable, c'est vrai! (Parlant à voix basse à Jérôme et avec impatience.) Pourquoi n'as-tu pas ratissé les allées du parterre ?

JÉRÔME.

Mais... Monsieur...

Mme DUFOUR, de même.

Et pourquoi n'as-tu pas ôté les housses dans le salon ?

JÉRÔME.

Permettez, Madame...

LE MAJOR, de même.

Et le char-à-bancs qui n'est pas lavé!

* Mme Dufour. Jérôme, le Major, Rose.

JÉRÔME.

C'est-à-dire que...

Mme DUFOUR.

Et le petit salon qui n'est pas frotté!

JÉRÔME, bas aussi, avec exaspération.

Mais je ne peux pas tout faire!

LE MAJOR.

Mais tu ne fais rien! Allons, range ici.

JÉRÔME, allant ranger au fond.

Et quand je pense que c'est la Parisienne qui est cause tout de ce *boulvari*!.. Oh! je le lui revaudrai.

Mme DUFOUR, allant à Rose.*

Rose... et mon bonnet?

ROSE.

Voilà, ma tante.

Mme DUFOUR.

Ah bien! J'ai envie de le mettre tout de suite... Je ne puis pas paraître devant ma belle-fille avec cette coiffure.

LE MAJOR.

Oh! non, non. Ça ne serait pas convenable.

JÉRÔME, époussetant le bureau.

Certainement : vous lui devait du respect!

LE MAJOR.

Qu'est-ce qu'il dit donc, cet animal-là? Du respect!

JÉRÔME.

Dame!.. une demoiselle noble... Maintenant, vous serez déplacé dans votre famille.

LE MAJOR.

Eh! pardieu, j'en ai vu bien d'autres! Sais-tu, drôle, que j'ai parlé à l'Empereur?

JÉRÔME, continuant de ranger.

A Bautzen.

LE MAJOR, machinalement.

Le 20 mars.

JÉRÔME.

1813?

LE MAJOR, machinalement.

Oui.

JÉRÔME, à part.

Je sais ça par cœur.

Mme DUFOUR.

C'est égal, c'est bien désagréable de se gêner ainsi!

ROSE.

Et puis... On a peur de paraître ridicule...

LE MAJOR.

Ridicule?

ROSE.

Dame! une demoiselle de Bligny!.. Nous autres provinciaux, nous devons lui sembler de bien petites gens.

LE MAJOR.

De petites gens! Mais je lui dirai que j'ai parlé à l'Empereur, moi!

JÉRÔME, toujours occupé.

A Bautzen.

LE MAJOR, répondant comme un écho et sans regarder Jérôme.

Le 20 mars.

* Jérôme, le Major, Mme Dufour, Rose.

JÉRÔME.

1813.

LE MAJOR.

Oui. (A Rose.) D'ailleurs, tu as été élevée en pension à Angers, toi, tu dois avoir l'habitude du grand monde, savoir ce qu'il faut faire.

ROSE, passant près de lui.*

Moi! oh! nullement, et je ne veux pas même l'apprendre. (A sa tante, avec câlinerie.) Je veux rester ce que je suis... tout simplement votre bonne petite Rose... (Prenant la main de sa tante.) Au moins, nous pourrons toujours nous entendre, nous.

Mme DUFOUR, soupirant.

Ah! oui.

(Jérôme, tout en rangeant, est passé à droite.)

ROSE.

Du reste, vous êtes si bonne, ma tante; vous finirez par vous faire aux nouvelles habitudes de ma cousine... en vous étudiant.

Mme DUFOUR, au major, en allant à lui.**

M'étudier!.. Il faudra que j'étudie, à mon âge?..

LE MAJOR.

Par exemple! je voudrais bien voir! Ah! morbleu! j'entends être maître chez moi... ne point me gêner... et le plus court est d'agir tout de suite sans façon, sans cérémonie... Je prétends ne rien changer à mes habitudes. (A Mme Dufour.) Dis donc, j'ai envie de mettre mon habit noir.

Mme DUFOUR.

Oui. Et toi, Rose, va chercher la théière d'argent pour le déjeuner.

ROSE.

Bien! ma tante.

LE MAJOR.

Mais dépêche-toi si ta cousine arrivait!..

ROSE.

Oh! ne craignez rien, mon oncle, nous avons le temps : les Parisiennes ne se lèvent pas avant midi.

(Elle sort.)

SCÈNE III.

LE MAJOR DUFOUR, Mme DUFOUR, JÉRÔME.

Mme DUFOUR, atterrée.

Comment, avant midi! Nous ne déjeunerons plus qu'à midi?

LE MAJOR.

Ah! diable. C'est que je meurs de faim, moi!

Mme DUFOUR.

Et moi aussi.

JÉRÔME, riant.

Ah! ben, tant pire! les Parisiennes ne mangent pas avant midi. C'est plus bon genre.

* Jérôme, le Major, Rose, Mme Dufour.
** Le Major, Mme Dufour, Rose, Jérôme.

Mme DUFOUR.

Et moi qui ai fait préparer le déjeuner pour neuf heures!..

LE MAJOR, contrarié.

Oh! faute! Mme Dufour, faute! faute!

Mme DUFOUR.

Mais tout va être froid!

JÉRÔME.

Ah ben!.. alors, elle va encore joliment se moquer.

Mme DUFOUR, à Jérôme.

Se moquer!..

JÉRÔME.

Comme hier, en voyant la maison.

LE MAJOR, offensé.

Elle s'est moquée de ma maison?

(Stella paraît.)

JÉRÔME, passant au milieu. *

Et de vos belles figures en terre cuite dans le jardin.

STELLA, entrant par le fond, et tenant un petit panier; à part.

Ah! on parle de moi.

(Elle dépose le panier sur la console au fond à gauche.)

Mme DUFOUR.

Est-ce possible?.. Ma bru se serait permis...

JÉRÔME, médisant.

Je l'ai entendue pendant que je ratissais l'allée sous la fenêtre... et elle montrait le parterre en disant au colonel qu'il aurait fallu faire ci et faire ça.

STELLA, à part.

Ah! bavard.

JÉRÔME, haussant les épaules.

Si c'est pas une pitié!.. une Parisienne, qui ne sait seulement pas comment le blé pousse, parler de jardin!

SCÈNE IV.

LES MÊMES, STELLA, se montrant.

Mme DUFOUR.

Chut! c'est elle.

(Jérôme passe derrière Mme Dufour et reprend sa place à droite. **)

LE MAJOR.

Ah!

STELLA.

Ah! je vous cherchais.

LE MAJOR et Mme DUFOUR, saluant.

Madame...

STELLA, embrassant Mme Dufour.

Bonjour, ma mère. (Donnant la main au major.) Vous êtes bien, Major?

LE MAJOR.

Comme vous voyez... Mais nous ne nous attendions pas à vous voir déjà levée.

* Le Major, Jérôme, Mme Dufour.

** Le Major, Stella, Mme Dufour, Jérôme.

STELLA.

Moi? Je suis debout depuis cinq heures.

TOUS.

Cinq heures!

STELLA.

Je ne me lève jamais plus tard, à la campagne.

Mme DUFOUR, à elle-même.

Comme c'est agréable! Il faudra être debout au point du jour, à présent.

STELLA.

J'ai déjà visité en détail le jardin.

LE MAJOR, piqué.

Oh! il a dû vous sembler de bien mauvais goût?

STELLA.

Pourquoi donc?

Mme DUFOUR, piquée.

Avec ses statues en terre cuite...

JÉRÔME, à part.

Bon! la voilà prise.

STELLA.

Ah! j'avoue que les statues m'ont fait rire... Il y a surtout un berger, la tête de travers, le pied en l'air, et qui souffle dans une flûte, qui m'a paru d'un grotesque..... (Montrant Jérôme.) J'ai cru que c'était le portrait de votre jardinier.

JÉRÔME, blessé.

Comment!.. (A part.) Elle se moque de moi!

(Il remonte la scène d'un air vexé.)

Mme DUFOUR, piquée.

M. le sous-préfet en a pourtant de pareilles.

STELLA.

Pour un sous-préfet, c'est très bien... Mais pour le Major, ancien soldat, il faudrait, là, une statue guerrière: par exemple, un Bayard, l'épée à la main.

LE MAJOR.

Ah!.. le fait est qu'un Bayard...

STELLA.

N'est-ce pas?..

Air du Carnaval de Béranger.

Chez vous, Major, était vraiment la place
De ce héros qui, par la mort surpris,
Put devant Dieu montrer son cœur en face,
Comme il montrait son front aux ennemis;
Puis, forcément, comme l'esprit rapproche
Ceux que l'honneur en tous temps a suivis,
Le chevalier sans peur et sans reproche
Eût fait penser au maître du logis.

LE MAJOR, voulant faire le modeste.

Ah! c'est trop aimable! (A part.) Elle a de l'esprit.

STELLA.

Et pour pendant, au lieu de cette grosse Pomone qui a perdu sa corne d'abondance, je voudrais une belle statue de la Victoire... qui vous rappellerait vos conquêtes... (Désignant Mme Dufour du regard.) vos conquêtes de tout genre...

LE MAJOR.

Comment!... (Comprenant.) Ah!... parce que Mme Dufour s'appelle Victoire! (A Mme Dufour.) Ah!.. ah!.. ah! tu comprends...

Mme DUFOUR, riant.

Oui... C'est une allégorie!..

LE MAJOR.

Précisément... (A part.) Elle a diablement de l'esprit.

JÉRÔME, à part, étonné, redescendant à gauche.

Eh bien! ils ont l'air content, à cette heure!

LE MAJOR, à Jérôme.*

Hein?.. Que dis-tu?

JÉRÔME.*

Rien, Monsieur... Je dis que ça sera bien joli, bien joli...

STELLA.

Oh! moins joli que votre potager, M. Jérôme.. C'est le premier où j'ai vu des tulipes.

LE MAJOR.

Comment! des tulipes!

Mme DUFOUR.

Dans le potager?..

JÉRÔME.

Dame! Monsieur, vous m'avez ordonné d'y mettre tous les ognons...

LE MAJOR.

Mais pas les ognons à fleurs, imbécille. J'étais sûr qu'il me ferait quelques sottises pendant que la goutte me clouait dans mon fauteuil!..

STELLA, riant.

Ah! ah! ah! ce pauvre Jérôme.

JÉRÔME, à part.

Elle se moque de moi!.. Oh! je la déteste, la Parisienne.

STELLA.

Mais, pardon... C'est l'heure de votre déjeuner, ma mère.

Mme DUFOUR.

Oh! mon Dieu, nous n'avons pas d'heure.

LE MAJOR.

Nous prendrons la vôtre.

STELLA.

Comment! déranger vos habitudes pour moi! Ah! voilà ce que je ne souffrirai pas... Je suis de la maison, maintenant, et je veux être mise au fait de tout pour vous aider...

Mme DUFOUR.

Y pensez-vous?..

LE MAJOR.

C'est impossible! je ne souffrirai pas...

STELLA, avec une gravité gaie.

M. le maire, vous avez votre adjoint, n'est-ce pas? Madame peut bien avoir le sien. (A Mme Dufour, confidentiellement.) Il faut se soutenir, entre femmes... N'est-ce pas, maman?

Mme DUFOUR, souriant.

Certainement.

* Jérôme, le Major, Stella, Mme Dufour.

STELLA.

Du reste, je suis déjà entrée en fonction : je me suis occupée de votre dessert... Major.

LE MAJOR.

En vérité!

STELLA, montrant le panier avec lequel elle est entrée.

Voyez... je vous ai cueilli des fraises superbes...

LE MAJOR, allant regarder les fraises sur la console où Stella les a mises en entrant.

Ah! c'est être trop bonne.

STELLA, à Mme Dufour.

Puis, en revenant, j'ai arrosé vos œillets, maman...

Mme DUFOUR.

Quoi! vous vous êtes donné la peine...

STELLA, avec affection.

Ce sont vos fleurs bien aimées.., je veux en prendre soin... J'entre en concurrence avec M. Jérôme... (Allant à lui.) Il est vrai qu'il n'est pas fort! *

JÉRÔME, à part, indigné.

Toujours! elle se moque toujours!

STELLA, bas, à Jérôme.

En revanche, tu sais comment pousse le blé.. tu n'es pas un Parisien toi!..

JÉRÔME, à part.

Ah! elle m'a entendu!..

Mme DUFOUR, bas, au major qui est redescendu près d'elle.

Eh bien!.. je me sens plus à l'aise avec elle, M. Dufour.

LE MAJOR, de même.

Moi aussi. (Haut.) Il faut faire servir le déjeuner. (A part.) je vais passer un habit plus décent. (A Stella.) Vous permettez.

STELLA.

Allez donc, Major... Est-ce qu'il faut faire des façons entre nous?

LE MAJOR, à Mme Dufour.

C'est juste, entre nous!..

Air de M. Placet.

Vous avez raison :
Dans notre maison,
Point de gêne,
Point de peine,
Et nous agissons
Toujours sans façons.

(Ils sortent.)

* Jérôme, Stella, le Major, Mme Dufour.

SCÈNE V.

JÉRÔME, STELLA.

JÉRÔME, à part.

Se laissent-ils enjôler !.. se laissent-ils enjôler
Ah ! j'ai plus de caractère que ça, moi.

STELLA, à part.

Je ne m'étais point trompée.. C'est une petite
conspiration contre moi... Le chef est Mlle Rose,
et il m'a semblé que le jardinier était son allié;
mais je puis le rendre plus prudent... (A Jérôme
qui sort.) M. Jérôme !

JÉRÔME.

Madame ?

STELLA.

Viens ici... J'ai à te parler.

JÉRÔME.

Elle me tutoie !

STELLA, le regardant.

Il paraît que tu regardes tout ce qui se fait ici,
que tu écoutes tout ce qui se dit...

JÉRÔME.

Dame ! je regarde... pour voir... et j'écoute...

STELLA.

Pour entendre... Mais il n'est pas toujours
bon de répéter ce qu'on a entendu.

JÉRÔME.

Ah !.. je ne savais pas...

STELLA.

Voudrais-tu, par exemple, que je dise que tu
es sorti ce matin à cinq heures et demie par la
petite porte du jardin ?

JÉRÔME, troublé.

Moi ?..

STELLA.

Avec un panier plein de provisions...

JÉRÔME, effrayé.

Madame !..

STELLA.

Que tu as monté la ruelle à côté, et que tu es
entré dans une maison dont la petite fenêtre
donne précisément en face de ma chambre ?..

JÉRÔME, à part.

Elle m'a vu !..

STELLA, à part.

Il y a quelque chose. (Haut.) Je pourrais demander l'explication de cette visite matinale...
au major.

JÉRÔME.

Oh ! non... je vous en prie... Madame la Parisienne... ne parlez de ça à personne...

STELLA.

A la bonne heure !.. Mais, de ton côté, sois
discret !

JÉRÔME.

Oh ! je vous jure...

STELLA.

Et, surtout... n'oublie pas de m'apporter un
bouquet tous les matins... Voici de quoi te le
rappeler.

(Elle lui donne le bonnet.)

JÉRÔME.

Une pièce de cent sous !.. Oh ! Madame la Parisienne, je faucherai pour vous tout le parterre.

STELLA.

Et le potager.

JÉRÔME.

Ah ! rapport aux tulipes... (Il rit.) Eh ! eh !..
Je comprends. (A part, et satisfait.) Elle se moque toujours de moi... Elle n'est pas fière.

STELLA, à part, en le regardant.

En voilà déjà un hors de combat.

SCÈNE VI.

JÉRÔME , Mme DUFOUR , STELLA , UNE
BONNE et UN DOMESTIQUE PAYSAN, entrant
en portant une table servie. La bonne porte le
bout à gauche ; le domestique porte le bout à
droite.

Mme DUFOUR, tenant des assiettes de dessert, venant derrière la table et commençant à parler en
dehors.

Allons ! allons ! portez cette table ici. (Quand
les domestiques ont placé la table en face du souf-
fleur, le domestique sort vivement par le fond. La
bonne va s'occuper vers la console du fond à gauche. Mme Dufour pose son dessert sur la table et dit
à Jérôme : Ah ! Jérôme, allez à l'office.

JÉRÔME.

Oui, Madame...

(Il s'arrête au fond pour laisser entrer Rose, Édouard
et le major. Rose entre et va placer une théière
sur la table , vers le bout de droite, puis remonte
un peu vers le fond.*)

STELLA, voyant Rose, à part.

Ah ! voici mon ennemie intime.

Mme DUFOUR, à Rose.

As-tu fait prévenir ces messieurs ?

ROSE.

Les voici.

SCÈNE VII.

Mme DUFOUR , ÉDOUARD , LE MAJOR DU-
FOUR, ROSE, STELLA.

(Jérôme sort dès que le major est entré.)

ÉDOUARD, à sa mère.

Bonjour, ma mère.

(Il l'embrasse. Le major va vers Stella et cause avec
elle.**)

Mme DUFOUR.

Bonjour, Édouard.

ÉDOUARD, se tournant vers Rose.

Bonjour, ma petite cousine.

* La Bonne, Jérôme, Mme Dufour, Rose, Stella.
** Mme Dufour, Édouard, Rose, le Major, Stella.

ROSE, saluant avec froideur.

M. le colonel...

ÉDOUARD, à part.

Oh! oh! elle me garde rancune!

(Pendant ce temps, la bonne a mis deux chaises au bout de la table à gauche, et reste pour servir pendant le repas.)

LE MAJOR.

Allons, à table!

(Édouard donne une chaise à sa mère. Rose en a été prendre une contre le mur à droite, et va pour l'offrir à Mme Dufour. Le major en prend une au fond pour lui.)

Mme DUFOUR, à Rose.

Donne donc cette chaise à ta cousine.

ROSE.

Oui, ma tante.

(Elle donne la chaise à Stella.)

STELLA, s'asseyant.

Merci, ma cousine. *

ROSE, à part.

Il ne manque plus que d'être obligée de la servir!

ÉDOUARD, à Rose.

Allons, ma petite cousine, allons, à table!

(Rose va se placer à la droite d'Édouard, et l'on est placé ainsi à table : Rose, au bout à gauche; près d'elle, à sa droite, Édouard; au milieu, Mme Dufour; le major entre sa femme et Stella; Mme Dufour découpe; le domestique apporte du vin sur la table.)

ÉDOUARD.

Ah! vous déjeunez donc maintenant dans le cabinet de travail de mon père?

Mme DUFOUR.

Parce que nous faisons repeindre les autres pièces... Ma bru nous excusera de la recevoir ici.

ROSE, avec prétention.

Nous savons bien que c'est contre l'usage.

LE MAJOR.

Certainement! Oh! nous connaissons l'usage.

STELLA.

Mais on est parfaitement ici.

LE MAJOR.

Et puis, voyez-vous? ma chère enfant, nous agissons toujours sans cérémonie, nous autres... C'est notre caractère.

Mme DUFOUR.

Aussi, nous ne vous offrons qu'un déjeuner de famille.

LE MAJOR, d'un ton dégagé.

Ah! mon Dieu, oui, à la fortune...

JÉRÔME, entrant par le fond.

Madame, voilà le buisson d'écrevisses et le blond-boudin.

(Il place le plum-pudding et le buisson d'écrevisses sur la table.)

ÉDOUARD, souriant.

Ah! c'est là le déjeuner de famille?

* Édouard, Mme Dufour, le Major, Stella, Rose.

LE MAJOR.

Mon Dieu! notre ordinaire...

ÉDOUARD.

Bah! Mais avant mon départ vous étiez donc au régime?

Mme DUFOUR, bas, à Édouard.

Veux-tu bien te taire!..

LE MAJOR, à Stella qui s'occupe de lui.

Merci, merci. Mais, vous.... vous ne vous servez pas.

STELLA.

Oh! moi, j'ai là tout ce qu'il me faut... (Elle prend la théière.) Je ne prends jamais que du thé.

Mme DUFOUR, s'oubliant.

Tiens!.. comme nous!

ÉDOUARD.

Comme vous!.. Vous avez donc deux ordinaires?

Mme DUFOUR, embarrassée.

C'est-à-dire... c'est selon.

ÉDOUARD, riant.

Ah! ah!..

LE MAJOR.

Pourquoi donc ris-tu?..

ÉDOUARD.

Tenez, mon père, j'aborde la question militairement... Vous n'êtes pas à votre aise avec ma femme.

Mme DUFOUR.

Nous?

LE MAJOR.

Qu'est-ce que tu dis là?..

ÉDOUARD.

Parbleu! c'est visible! Vous vous êtes fait des idées effrayantes sur les exigences d'une Parisienne; vous avez bouleversé toutes vos habitudes, vous vous êtes mis à la gêne pour la recevoir... et, dans ce moment, vous lui en voulez un peu de la peine que vous vous êtes donnée pour elle...

Mme DUFOUR.

Qu'est-ce qu'il dit?

LE MAJOR, à Stella.

Vous pourriez croire...

STELLA, souriant.

Oui... il a raison.

ÉDOUARD.

Ah! tu t'étais aperçue aussi?..

STELLA.

Et d'abord, je l'avoue, cette découverte m'a fait peur... L'air cérémonieux, embarrassé que vous aviez avec moi m'a serré le cœur.

LE MAJOR.

Ah!..

STELLA.

Mais il y avait tant de bonté dans cette gêne elle-même, que j'ai repris courage; je me suis rappelé ce qu'Édouard m'avait dit de votre tendresse, de votre indulgence, et je me suis décidée à tout faire pour mériter votre affection.

Mme DUFOUR.

En pouvez-vous douter?..

LE MAJOR.

Vous y avez droit.

STELLA.

Oh! non... Je veux que vous me l'accordiez librement... quand vous me connaîtrez mieux.

Air : Comment, hélas, vous expliquer cela. (l'Homme blasé.)

Je ne veux point que votre attachement
Soit un effort, mais qu'il soit un penchant.
A tous les yeux, enfin, il faut que mon droit brille;
Il me faut mériter d'être de la famille!
Si je veux vous forcer à m'adopter pour fille...
Ce n'est qu'en vous aimant.

LE MAJOR, se levant; Stella en fait autant.

Ah! ma foi, je n'y tiens plus! il faut que je vous embrasse !

Mme DUFOUR, se levant et passant à la droite de Stella.

Et moi aussi!

(Rose et Édouard quittent la table, Rose d'un air boudeur, Édouard d'un air enchanté. La bonne et le domestique qui vient d'entrer avec Jérome enlèvent vivement la table; Jérôme débarrasse la console du fond à droite.*

LE MAJOR, allant à Édouard et lui tendant la main.

Mon cher, j'aborde aussi la question militairement. Nous étions des imbéciles, et ta femme est charmante!

ROSE, à part.

Les voilà enchantés.

LE MAJOR, riant.

Ah! ah! ah!.. j'en ris maintenant... C'est que tu as raison... Nous n'étions pas à notre aise du tout... Quand je dis : Nous... je ne parle pas de moi... Quand on a parlé à l'Empereur!..

JÉRÔME, parlant en sortant avec les objets qu'il emporte de dessus la console.

A Bautzen.

LE MAJOR, sans se détourner et prenant une prise de tabac.

Le 20 mars.

JÉRÔME, presque en dehors.

1813.

(Il disparaît.)

LE MAJOR.

Oui ; mais ta mère et ta cousine avaient peur de paraître ridicules aux yeux de la Parisienne! aussi, tu vois quelle toilette !.. Ah! ah! ah!..

(Il rit.)

ÉDOUARD.

En effet, Rose est resplendissante.

LE MAJOR.

Ça m'amusait, en vérité, de voir leurs façons !.. moi qui suis tout rond, tout simple... sans cérémonie !

* Rose, Édouard, le Major, Stella, Mme Dufour, Jérôme.

STELLA, le regardant.

Et sans redingote...

LE MAJOR.

Hein?.. comment?.. Tiens, c'est vrai !.. j'ai mis mon habit noir!.. Ce que c'est que le mauvais exemple!

STELLA, à Mme Dufour, en lui prenant les mains.

Heureusement que, maintenant, c'est fini... N'est-ce pas, maman?

Mme DUFOUR.

Certainement.

STELLA, passant à droite pour préparer le guéridon. *

Mettez-vous là, nous allons travailler.

Mme DUFOUR.

Travailler!.. vous ?

STELLA, gaîment.

Certainement, je travaille.

Mme DUFOUR, s'asseyant à droite sur le siège préparé par Stella.

Merci, chère enfant... Asseyez-vous là, près de moi.

STELLA.

Tout de suite.

(Elle s'assied à la gauche du guéridon.**)

Mme DUFOUR, à Rose.

Rose! donne donc un tabouret de pied à ta cousine !

(Le major s'assied à son bureau ; Édouard cause avec lui.)

ROSE.

Oui, ma tante. (Elle apporte un carreau à Stella, et dit à part, en le portant.) Décidément, je suis sa servante!

STELLA, remerciant Rose.

Vous êtes trop aimable, ma cousine. (Rose, après avoir donné le carreau, s'éloigne en remontant la scène ; Stella dit à part.) Voilà une petite fille qui ne peut pas me souffrir.***

SCÈNE VIII.

LES MÊMES, JÉRÔME, venant au milieu.

(Rose va arranger des fleurs sur la console du fond à gauche.

JÉRÔME.

Colonel, voilà ce qu'un soldat vous apporte.

(Il donne des papiers.)

ÉDOUARD, passant à lui.

Ah! ah!.. c'est toi, intrépide chouan. Eh bien! tu ne veux donc plus nous faire la guerre ?****

* Rose, Édouard, le Major, Mme Dufour, Stella.
** Rose, Édouard, le Major, Stella, Mme Dufour.
*** Édouard, le Major, Rose, Stella, Mme Dufour.
**** Le Major, Rose, Édouard, Jérôme, Stella, Mme Dufour.

JÉRÔME, avec énergie.

Moi, colonel! Ah! par exemple! personne ne peut dire qu'on m'a vu combattre... Seulement, j'étais domestique pour la légitimité !.. Voilà !

(Il se tient un peu à l'écart, vers le fond.)

ROSE, avec intention, tout en arrangeant ses fleurs.

Oui... Il servait de valet de chambre à un des chefs, M. le comte de Soran.

ÉDOUARD, vivement.

De Soran ?..

STELLA, à part.

Mon cousin !..

ÉDOUARD, regardant Stella.

Ah! il est dans la Vendée.

ROSE, avec intention.

Oui... et il paraît que son dévouement lui a été funeste.

JÉRÔME, à part et avec inquiétude.

Qu'est-ce qu'elle va dire ?

ÉDOUARD.

Comment cela ?

ROSE, avec intention.

Il y avait à Paris une demoiselle qu'il aimait... une de ses parentes... que l'on a sacrifiée en son absence.

ÉDOUARD, tressaillant.

Sacrifiée !..

JÉRÔME, toussant pour la faire taire.

Hum ! hum !

STELLA, à part.

Oh! petit serpent !..

ROSE, continuant.

Jérôme a même entendu le comte répéter qu'il était bien sûr d'être toujours aimé de sa cousine, et qu'il trouverait le moyen de se rapprocher d'elle.

JÉRÔME, toussant plus fort.

Hum ! hum !

ÉDOUARD, à Jérôme, avec colère.

Il a dit cela ?

JÉRÔME, embarrassé.

C'est-à-dire...

LE MAJOR, qui est assis à son bureau, à Édouad.

Eh bien ! qu'est-ce que ça te fait ?

STELLA, à part.

C'est bien Raoul, toujours fat et présompteux !

LE MAJOR, à Édouard.

Tu prends donc bien de l'intérêt à ce comte de Soran ?

ÉDOUARD, avec une irritation mal contenue.

Beaucoup... sans le connaître... car je n'ai jamais eu l'avantage de le voir. Mais j'espère un jour le rencontrer... et alors je saurai...

STELLA, vivement, allant à Édouard. *

Mon Dieu, mon cher, en voilà assez sur la politique. (A Mme Dufour.) N'est-ce pas, maman? ça vous ennuie.

* Le Major, Rose, Édouard, Stella, Jérôme, Mme Dufour.

Mme DUFOUR.

Je n'y comprends rien.

STELLA, retournant s'asseoir, passant devant Jérôme et lui dis nt vivement, à part. *

Va-t'en. (A Rose, d'un ton aimable.) Rose veut sans doute travailler avec nous ?

(Jérôme sort.)

ROSE.

Volontiers.

LE MAJOR.

C'est cela... Moi, de mon côté, je vais répondre à M. le préfet.

(Rose va au fond à droite prendre une chaise.)

STELLA, faisant signe à Rose de se mettre entre elle et Mme Dufour.

Ici, chère cousine.

ROSE, posant son siége derrière le guéridon, à part. **

Mon cousin est fâché, tant mieux !

(Elle s'assied.)

STELLA, à part.

Elle me le paiera !

ÉDOUARD, à part.

Ah! M. de Soran est ici, et il se vante d'être aimé... Ah! si je le trouve, celui-là !

(Il va prendre son shako qu'il a déposé dans l'angle de gauche, au fond.)

Mme DUFOUR, à Édouard.

Eh bien ! tu sors ?

ÉDOUARD.

Oui. Ces rapports me dénoncent la présence d'un chef royaliste à Ancenis.

LE MAJOR.

Vraiment?

ÉDOUARD.

Le nommé Feuille-de-Chêne.

ROSE, à part.

Ah ! mon Dieu !

ÉDOUARD.

Je vais donner des ordres pour qu'on le découvre. Au revoir.

Mme DUFOUR.

A bientôt !

(Edouard sort.)

SCÈNE IX.

LES MÊMES, excepté EDOUARD.

ROSE, à part.

On est sur ses traces! Pauvre jeune homme, comment le prévenir?

(Elle se lève et se dirige vivement vers le fond, tenant à la main la petite corbeille à ouvrage, où elle cherchait une aiguille ou tout autre objet pour travailler, et comme le peloton de laine avec lequel tricote Mme Dufour est dans cette corbeille, Rose, en emportant la corbeille, emporte

* Le Major, Rose, Édouard, Jérôme, sur le second plan ; Stella, Mme Dufour.
** Le Major, Édouard, Stella, Rose, Mme Dufour.

aussi le tricot que Mme Dufour avait posé en ce moment sur le guéridon pour chercher ses lunettes.)

Mme DUFOUR.

Eh bien ! eh bien ! Rose !.. que fais-tu donc ? Ma mitaine !..

ROSE, la ramassant et la rendant à Mme Dufour.

Oh ! pardon, ma tante !

(Elle sort par le fond.)

Mme DUFOUR.

Quelle étourdie... Ah ! mon Dieu !

STELLA.

Qu'est-ce donc ?

Mme DUFOUR.

Toutes les mailles sont échappées ! Quel ennui !.. Et je n'ai même pas mes lunettes ! (Elle pose le tricot sur la table pour chercher ses lunettes. Stella le prend.) Je les aurai oubliées dans ma chambre. (Allant appeler à la porte du fond.) Rose ! Rose !..

ROSE, en dehors et au loin.

Oui, ma tante.

Mme DUFOUR.

Mais cherche-moi donc mes lunettes...

STELLA, rendant le tricot à Mme Dufour.

C'est inutile, maman.

Mme DUFOUR, redescendant vers Stella.

Comment ?.. Mais vous savez donc...

STELLA.

Certainement.

Mme DUFOUR, étonnée.

Elle sait tricoter ! une Parisienne !.. (Au major, d'un air ravi.) M. Dufour, elle tricote !

LE MAJOR, qui est à son bureau.

Elle tricote ? Je te dis que c'est un ange !..

Mme DUFOUR, embrassant Stella.

Chère enfant, elle tricote. Comme nous nous amuserons cet hiver !..

LE MAJOR.

Ah ! diable !.. Où est donc le dictionnaire ?.. Je voudrais voir.

STELLA.

Quoi donc ?

LE MAJOR.

Ce sont ces diables de doubles lettres qui m'arrêtent toujours... et pas de dictionnaire !..

STELLA, se levant.

Si je puis vous être utile, Major !..

LE MAJOR.

Vous seriez assez bonne ?..

STELLA.

Comment donc. (A part.) Encore une maille à relever. *

(Mme Dufour s'assied à la place où était Stella et travaille.)

LE MAJOR.

On se rouille comme ça, et puis j'ai été blessé à la main... ça me gêne beaucoup.

STELLA.

Pour les doubles lettres.

* Le Major, Stella. Mme Dufour.

LE MAJOR.

Oui... ça me prend sur les nerfs.

STELLA.

Et bien ! donnez-moi votre place, Major ; moi qui n'ai pas de blessure à la main, j'écrirai sous votre dictée.

LE MAJOR, se levant.

Oh ! mais c'est que ça vous ennuiera !

STELLA.

Du tout... Mon père était conseiller d'état, et il me dictait ses rapports... Quelquefois même je les achevais toute seule.

LE MAJOR.

Et bien ! voyons, mon joli secrétaire.

STELLA, s'asseyant au bureau.

Je suis à vos ordres.

LE MAJOR.

Nous disions donc ?..

STELLA, lisant ce qu'a écrit le major.

« Monsieur le Préfet, conformément aux or-
» dres que renferme votre dernière lettre, j'ai
» cessé de délivrer des ports d'armes sans la
» permission préalable de l'autorité militaire. »

LE MAJOR, répétant.

« De l'autorité militaire. » (A Stella qui corrige des fautes d'orthographe.) Vous changez quelque chose ?

STELLA.

J'efface quelques lettres de trop...

LE MAJOR.

Vraiment ? C'est cette diable de blessure ! Je ne suis pas maître de mes doigts.

STELLA.

Vous êtes trop nerveux ! Oh ! il y a beaucoup de personnes comme cela... Que faut-il ajouter ?

LE MAJOR.

Ah ! c'est juste... Il faudrait parler maintenant de l'amnistie. Voyons. (Il cherche.) Hé ! hé !..

STELLA, dictant et écrivant.

« J'ai également fait afficher l'ordonnance
» promettant le pardon à tous les révoltés qui
» déposeraient immédiatement les armes. »

LE MAJOR, répétant.

« Les armes... C'est cela. »

STELLA, continuant.

» Enfin, à tous ceux qui pourraient se trouver
» atteins par les dispositions de la loi. »

LE MAJOR.

C'est cela... absolument ce que j'allais... ce que je voulais dire. (D'un air ravi, à Mme Dufour.) Mme Dufour, elle sait rédiger un rapport !

(Rose entre et descend à la gauche de Mme Dufour, près du guéridon. *

Mme DUFOUR, se levant et s'approchant du Major.

Rien ne m'étonne plus d'elle... Les Parisiennes savent tout !

STELLA, passant entre le major et Mme Dufour.

Oh ! permettez...

Mme DUFOUR, avec force.

Tout ! Et je vous engage, Rose, à prendre des leçons de votre cousine... à tâcher de l'imiter.

* Stella, le Major, Mme Dufour, Rose.

LE MAJOR.

Certainement, et vous avez immensément à apprendre d'elle... Une femme qui entend l'administration!..

STELLA, riant.

Et le tricot.

Mme DUFOUR.

Tâchez de lui ressembler un jour, ma chère...

ROSE, avec contrainte.

Je tâcherai, ma tante. (A part.) La voilà déjà la favorite!

SCÈNE X.

LE MAJOR DUFOUR, STELLA, Mme DUFOUR, ROSE, JÉROME.

JÉROME, accourant.

Monsieur ! Monsieur !

LE MAJOR.

Quoi ! Qu'est-ce que tu veux, toi ?

JÉROME.

C'est pas vous qu'on demande, c'est Mmes Dufour, la vieille et la jeune.

Mme DUFOUR.

Comment ! la vieille !..

JÉROME.

C'est la sous-préfète.

LE MAJOR, passant devant Jérôme.

La sous-préfète !.. Il faut la recevoir.

Mme DUFOUR, à Stella.

Certainement... Venez, ma bru, je vous présenterai.

ENSEMBLE.

Air du Duc d'Olonne. (Quadrille de Musard.)

LE MAJOR, Mme DUFOUR, STELLA.

Au salon, vite, il faut nous rendre ;
Par respect pour ma dignité,
Je ne veux pas qu'on fasse attendre
La femme d'une autorité.

ROSE.

Au salon, vite, il faut se rendre ;
Par respect pour sa dignité,
il ne veut pas faire attendre
La femme d'une autorité.

Mme DUFOUR, à Rose.

Tu vas ranger ici bien vite.

ROSE, à part.

C'est cela !

Mme DUFOUR.

Je compte sur toi.

ROSE, rangeant le guéridon.

Pour elle sera la visite,
Et l'ennui restera pour moi.

REPRISE DE L'ENSEMBLE.

(Jérôme et Rose restent en scène.)

JÉROME.

Ah ! Mamzelle...

ROSE.

Quoi donc ?

JÉROME, mystérieusement.

Je viens de voir notre fugitif !

ROSE.

M. Feuille-de-Chêne !.. Ah ! mon Dieu ! j'allais oublier... On sait qu'il est à Ancenis.

JÉROME, effrayé.

Ah bah !

ROSE.

A chaque instant il peut être découvert... Il faut qu'il parte sur-le-champ.

JÉROME.

Mais comment ? sans passeport... Vous aviez promis de lui en procurer un.

ROSE.

Certainement... Mon oncle en a souvent de signés en blanc... mais il faudrait une occasion.

JÉROME.

C'est qu'il est capable de faire quelque imprudence... surtout maintenant que vous avez changé de chambre, et qu'il ne pourra plus vous voir à votre fenêtre... Vous me direz qu'il lui reste la ressource d'écrire...

ROSE.

Non ! non ! je ne veux plus recevoir ses lettres... Si elles tombaient entre les mains de quelqu'un... je serais compromise.

JÉROME.

Du tout... puisqu'il a appris que vous saviez l'anglais.. et qu'il vous écrit dans ce baragouin-là. Oh ! c'est très adroit de sa part, ça !..

ROSE.

Je t'ai défendu de t'en charger.

JÉROME.

Je sais bien... mais alors il recommencera à vous les envoyer par la fenêtre ; et autant que je gagne le port... car il paie bien... oh ! ça... il n'est pas intéressé... c'est ce qui m'attache à lui...

ROSE.

N'importe... Je ne veux plus que tu prennes ses lettres, désormais.

(Elle va s'asseoir près du guéridon.)

JÉROME.

Ça suffit, Mamzelle... A propos, il n'a plus de papier à lettre; il m'a chargé de vous en demander.

ROSE.

A moi. (A part.) C'est pour m'écrire encore ; comme c'est désagréable !

JÉROME.

Auriez-vous la bonté...

ROSE.

Je crois qu'il y a sur la table quelques cahiers.

JÉROME.

Merci !

(Il va pour prendre du papier sur le bureau.)

RAOUL, à la cantonnade.

Ne dérangez pas M. le maire.

ROSE.

Qui vient là ?

RAOUL, à la cantonnade.

S'il n'est pas libre, j'attendrai.

JÉRÔME.

Ah ! mon Dieu ! cette voix ! (Il va regarder à la porte.) C'est lui !

ROSE, se levant, effrayée.

M. Feuille-de-Chêne !

SCÈNE XI.

JÉRÔME, RAOUL, en chasseur; ROSE.

JÉRÔME.

C'est-il bien possible ?.. M. Raoul !

RAOUL, à Jérôme, en lui donnant son fusil.

Veux-tu bien te taire? (Apercevant Rose.) Ah ! Mademoiselle...

ROSE.

Vous ici, Monsieur ?

RAOUL.

Je puis donc enfin vous voir!

ROSE.

Quelle imprudence !

JÉRÔME.

Oh! oui... on peut le dire... que c'en est une d'imprudence !..

RAOUL.

Sous ce costume, je n'ai rien à craindre.

ROSE.

Mais on peut venir et vous reconnaître.

JÉRÔME.

Je vas faire sentinelle.

(Il va au fond et disparaît de temps en temps.)

RAOUL.

Ah ! j'aurais tout hasardé, Mademoiselle, pour venir vous remercier...

ROSE.

Mais c'est précisément ce que je ne voulais pas, Monsieur. Vous avez manqué à votre promesse...

RAOUL.

Moi ?

ROSE.

N'avez-vous pas osé m'écrire que si je refusais plus long-temps de vous répondre, vous sauriez parvenir jusqu'à moi ? Ce qui était très mal...

RAOUL.

Ah ! que dites-vous ?..

ROSE.

Effrayée par cette menace... j'ai répondu... et, malgré ma lettre, vous venez ici, au risque de vous perdre !

RAOUL.

Ecoutez-moi...

ROSE.

Non... Monsieur... Oser vous présenter ici !

RAOUL.

Ne craignez rien... il n'y a point de danger pour vous, Mademoiselle.

ROSE.

Croyez-vous donc que je ne songe qu'à moi ?

RAOUL.

Qu'entends-je?.. Ah ! répétez-moi cette assurance...

ROSE.

Non, Monsieur, je ne puis, je ne veux pas vous écouter davantage. Laissez-moi !..

RAOUL.

Ne l'espérez pas...

ROSE.

Alors, c'est moi qui me retire...

(Elle sort par la porte à droite.)

RAOUL, voulant la retenir et la suivant.

Je vous en conjure... songez... Mademoiselle..

JÉRÔME, se rapprochant.

Parlez donc pas si haut...

RAOUL.

Va te promener!

JÉRÔME.

Mais M. le maire est à côté!..

RAOUL.

Je viens pour lui parler.

JÉRÔME.

Et le colonel, qui est de retour!

RAOUL.

Le fils de M. Dufour ? Que m'importe ?.. il ne me connaît pas.

JÉRÔME.

Mais sa femme vous connaît bien, peut-être!

RAOUL.

Sa femme ?

JÉRÔME.

Mlle Stella de Bligny.

RAOUL,

Qu'est-ce que tu me dis là? Quoi! l'officier à qui l'on a sacrifié ma cousine... serait...

JÉRÔME.

Le colonel en personne.

RAOUL.

Et Stella est ici?

JÉRÔME.

En personne aussi...

RAOUL.

Voilà qui est curieux! Ah ! je retrouve ici ma cousine !.. Parbleu! la position est originale!... Je ne venais que pour cette petite, qui est charmante... Mais, maintenant, j'ai un double motif.. et je reste.

JÉRÔME.

Hein ?

LE MAJOR, à la cantonnade.

Quelqu'un qui me demande?

RAOUL.

Ah ! c'est M. Dufour...

JÉRÔME, regardant au fond, épouvanté.

Avec la Parisienne !.. Ah! Monsieur, sauvez-vous !

RAOUL.

Je reste, te dis-je...

JÉRÔME.

Alors, c'est moi qui se sauve...

(Il sort par la porte à droite.)

RAOUL.

Va, poltron... Et nous, attention à la reconnaissance...

SCÈNE XII.

STELLA, LE MAJOR DUFOUR.

LE MAJOR.

On ne peut pas être un moment tranquille!...
(Apercevant Raoul.) Ah! voici la personne...
(S'approchant.) Monsieur... j'ai bien l'honneur...

RAOUL, saluant.

Monsieur...

STELLA, le reconnaissant.

Ciel! (A part.) Raoul!
(Elle s'éloigne un peu sur l'avant-scène à gauche.)

LE MAJOR.

Qu'est-ce donc?

RAOUL.

Je ne me trompe pas... c'est Mlle de Bligny..
ou plutôt madame...

LE MAJOR, à Stella.

Vous connaissez Monsieur?..

STELLA, embarrasée.

Oui... J'ai eu l'honneur de le rencontrer à
Paris... chez ma tante.

RAOUL.

Précisément.

STELLA, à part.

Oser venir ici pour me voir!.. Quelle audace!

LE MAJOR, à Raoul.

Monsieur... les amis de ma bru sont les nôtres... On m'a dit que vous veniez pour une demande...

RAOUL.

Que mon costume doit vous faire deviner.

LE MAJOR.

Il s'agit d'un permis de chasse?

RAOUL.

C'est cela.

STELLA, vivement.

Vous savez, mon père, que vous ne pouvez
en délivrer sans l'autorisation du colonel?

LE MAJOR.

C'est la vérité... Il y a défense formelle... Je
suis vraiment désolé, Monsieur, d'être obligé de
refuser... d'autant que, moi aussi, je suis chasseur.

RAOUL.

Oh! je sais, Major, que vous aimez l'odeur
de la poudre.

LE MAJOR.

C'est tout simple, quand on a fait les guerres
de l'Empire... quand on est entré dans toutes
les capitales de l'Europe...

RAOUL, à part.

Nous y voilà... Tâchons de nous rappeler ce
que racontait Jérôme...

LE MAJOR.

Car j'ai suivi partout le grand homme, Monsieur!.. Je lui ai même parlé.

RAOUL.

A Bautzen.

LE MAJOR.

Le 20 mars...

RAOUL.

1813.

LE MAJOR.

Oui.

STELLA, à part.

Que dit-il?..

RAOUL.

L'Empereur s'était placé devant vous pour
examiner la position d'une batterie ennemie...

LE MAJOR.

Précisément... Les boulets tombaient comme
la grêle, Monsieur, et l'Empereur me couvrait
entièrement.

RAOUL.

Et c'est alors que le major Dufour s'écria:
« Sire, appuyez donc un peu à gauche; vous em-
pêchez la mitraille d'arriver jusqu'à moi, et ça
me vexe. »

LE MAJOR, enchanté.

Ce sont mes propres paroles... Mais, qui vous
a dit, Monsieur...

STELLA.

En effet!..

RAOUL.

Pardieu! c'est imprimé... *Victoires et Conquêtes*, page 219.

LE MAJOR, avec ravissement, à Stella.

On a imprimé mes paroles?.. Parbleu! j'a-
chèterai ce livre-là!..

RAOUL, à part.

J'ai l'air de faire la commission pour la librai-
rie.

LE MAJOR, à Stella.

Il est charmant, ce jeune homme!.. (Haut.)
Décidément, mon cher Monsieur...

RAOUL.

Renneville.

LE MAJOR.

Je ne veux pas renvoyer ainsi un ami de ma
bru... Je veux que vous chassiez sur nos ter-
res... (Il rit.) Eh! eh! eh!.. et vous aurez le
port d'armes.

STELLA, vivement.

Y pensez-vous, mon père? malgré les défen-
ses...

LE MAJOR.

Bah!.. Je puis bien hasarder quelque chose
pour être agréable à Monsieur et à vous, chère
enfant. (Il va pour présenter un registre à Raoul.)
Seulement, il ne faudra point le dire à mon fils.

Oh! lui, il ne connaît que la discipline... et il a raison.

STELLA.

Mais, mon père... si cela allait vous causer quelque désagrément...

LE MAJOR.

Je me risque !.. Vite, vite, Stella... puisque vous êtes mon secrétaire... Dépêchez-vous, avant que le colonel ne vienne...

(Il va vers la porte du fond faire le guet.)

RAOUL, venant s'appuyer sur le dossier du fauteuil de Stella.*

Combien je suis heureux de vous voir !

STELLA.

Vous êtes un imprudent !

RAOUL.

J'ai tout bravé pour venir.

STELLA, bas, regardant le major.

Silence, donc !..

RAOUL, bas.

Il faut pourtant que vous m'entendiez.

STELLA, bas.

C'est impossible !

RAOUL.

Je vous y forcerai.

STELLA.

Malgré moi ?

RAOUL.

Malgré vous.

STELLA.

Par exemple !

LE MAJOR, descendant la scène.

Hein ? quoi ?

RAOUL.

Pour six mois, Madame.

(Il cause avec le major pendant que Stella écrit.)

STELLA.

Oui, Monsieur... (A part.) Pas seulement six jours !.. Il faut qu'il parte !.. Ah ! justement, ces passeports en blanc, signés par le Major... Je lui en ferai parvenir un... Quelques lignes suffiront pour l'instruire... (Écrivant.) « On est sur »vos traces, partez aujourd'hui même, je vous »en fournirai les moyens. »

LE MAJOR, achevant l'invitation qu'il faisait à Raoul.

Vous acceptez ?

RAOUL.

Mais, Monsieur...

LE MAJOR.

C'est convenu. (Appelant à droite.) Mᵐᵉ Dufour !

ÉDOUARD, paraissant au fond.

Un étranger !

STELLA, à Raoul.

Prenez ce billet.

* Stella, Raoul, le Major.

ÉDOUARD.

Que vois-je ?.. *

STELLA, apercevant Édouard.

Ah !

LE MAJOR, à Raoul.

Ah ! c'est mon fils... (A Édouard.) M. de Renneville...

RAOUL, saluant.

Monsieur...

ÉDOUARD, à Stella.

Pardon... Quel est donc ce papier que vous remettiez en secret à Monsieur ?

STELLA.

Un papier ?

RAOUL.

A moi ?

ÉDOUARD.

Vous le tenez encore... Et je désirerais savoir ce qu'il contient.

STELLA, le déchirant.

Du tout !.. c'est un secret.

ÉDOUARD.

Un secret !

STELLA, faisant signe au major.

N'est-ce pas, mon père, il ne faut pas qu'il le sache ?

LE MAJOR.

Il ne faut pas qu'il sache... quoi ?.. le... (Comprenant.) Ah ! oui... le papier... Je sais de quoi il s'agit.

(Il passe près d'Édouard.**)

ÉDOUARD.

Mais enfin ?..

LE MAJOR.

Eh bien ! eh bien ! c'était un port d'armes... là !..

ÉDOUARD.

Un port d'armes ?..

LE MAJOR.

Oui... que j'avais accordé à Monsieur, malgré la défense... Et comme je ne voulais pas que tu en fusses instruit, cette chère enfant a voulu te le cacher... Elle est si bonne !..

ÉDOUARD.

Ah ! c'est cela ?

STELLA.

Pas autre chose.

LE MAJOR.

Et il faudra bien que tu te laisses fléchir en faveur de Monsieur, quand vous aurez fait plus ample connaissance... Et... tiens, au moment où tu es entré, je lui disais justement que nous avions quelques amis à dîner... et je l'engageais à nous tenir compagnie.

STELLA.

Et Monsieur a refusé ?

RAOUL.

Pardon... au contraire... j'allais accepter.

* Stella, Édouard, Raoul, le Major.
** Stella, Édouard, le Major, Raoul.

LE MAJOR.

A la bonne heure!.. J'aime les gens d'esprit, moi.

SCÈNE XIII.

LES MÊMES, Mme DUFOUR, venant de la porte à droite.

LE MAJOR.

Et arrive donc, Mme Dufour... Je te présente un nouveau convive.*

Mme DUFOUR, à Raoul.

Monsieur...

RAOUL.

Madame...

Mme DUFOUR.

Plusieurs de nos invités sont déjà dans le salon.

LE MAJOR.

Vraiment?.. Venez les rejoindre.

RAOUL.

Je serai enchanté...

Mme DUFOUR.

Il y a là le procureur du roi.

RAOUL.

Plaît-il ?

STELLA, avec intention.

Et le capitaine de gendarmerie.

RAOUL.

Comment ?

STELLA.

Oui, il apporte au colonel le signalement d'un certain Feuille-de-Chêne.

LE MAJOR.

Ah ! le capitaine est des nôtres ?.. C'est un bon vivant!.. Je vous présenterai à lui.

RAOUL.

Non, pardon... J'ai accepté là, tout à l'heure, sans réfléchir à une affaire...

STELLA, contente, à part.

Ah !

LE MAJOR.

Une affaire...

RAOUL.

Indispensable.... Désolé , Major... Veuillez m'excuser, je suis forcé de vous quitter.... (A

* Stella, Édouard, le Major, Mme, Dufour, Raoul.

part.) Mais, à tout prix, il faut que je revienne.

STELLA, à part.

A tout prix, il faut qu'il parte !

ENSEMBLE.

Air de contredanse de M. Langlois.

LE MAJOR et Mme DUFOUR.

Puisqu'ici nul espoir que l'on vous retienne,
Nous cédons, il le faut;
Revenez bientôt.
Nous comptons vous revoir, qu'il vous en souvienne.
Traitez-nous en amis,
Vous l'avez promis.

RAOUL.

De ces lieux, croyez-moi, je sors avec peine;
Mais je pars, il le faut,
Pour venir bientôt.
Un accueil si flatteur, près de vous m'enchaîne,
Et je compte en ami
Revenir ici.

STELLA.

Du tourment qu'il me vaut, pour qu'il se souvienne,
Nous mettrons, et bientôt,
Sa ruse en défaut.
Devant eux, il faut bien que je me contienne,
Mais j'espère, aujourd'hui,
Me venger de lui.

ÉDOUARD.

J'obéis au devoir qui tous nous enchaîne,
Et refuse, il le faut;
Plus libre bientôt,
Nous pourrons, cher Monsieur, qu'il vous en sou-
(vienne,
Vous servir en amis,
Comme on l'a promis.

RAOUL, seul.

Je ne sais pas si je m'abuse,
Mais, puisqu'on seconde ma ruse,
C'est qu'on m'aime, et je dois revenir.

STELLA, seule.

Sans le danger qui le menace,
Oh ! j'aurais puni tant d'audace,
Mais je saurai le forcer à partir.

REPRISE DE L'ENSEMBLE.

(Sur la reprise, Raoul, tout en chantant, passe devant Mme Dufour et devant le Major, en s'inclinant, et prend le milieu, saluant tout le monde. Le rideau baisse sur cette reprise et avant qu'elle ne soit achevée.)

FIN DU PREMIER ACTE.

ACTE II.

Le théâtre représente un salon à pans coupés. Dans le pan coupé à gauche, une porte ; dans le pan coupé à droite, une fenêtre. Porte au fond ; portes latérales à droite et à gauche. Au premier plan, un guéridon à gauche, une table à droite, sur laquelle est un registre, quelques papiers et ce qu'il faut pour écrire.

SCÈNE I.

ROSE, entrant avec précaution par le fond, d'un ton mystérieux.

Personne ne m'a vue prendre ce passeport, il faut que je le fasse parvenir par Jérome à M. Feuille-de-Chêne. (Elle va à la fenêtre du pan coupé à droite.) Ah... le voilà à sa lucarne. Mon Dieu ! on va l'apercevoir... Ah ! il m'a vue... il me fait des signes... (Lui faisant signe de s'en aller et lui criant d'une voix retenue.) Retirez-vous... Il ne peut m'entendre... Hein ?.. Il me montre une lettre... (Elle secoue la tête.) Non, non, Monsieur... je ne veux pas... Comment ?.. que veut-il dire ?.. qu'il va la jeter dans ma chambre... Ah ! mon Dieu ! il ne sait pas que je n'y habite plus... (Elle fait des signes.) Monsieur... non... il s'en va... (Toussant et faisant des signes.) Hem ! hem !

SCÈNE II.

Mᵐᵉ DUFOUR, ROSE.

Mᵐᵉ DUFOUR, venant de la porte du pan coupé à gauche.

Édouard est sorti ?

ROSE, se détournant, effrayée.
Ah !

Mᵐᵉ DUFOUR.
Eh bien ! à qui parlais-tu donc là ?

ROSE.
Oui, ma tante, mon cousin est sorti.

Mᵐᵉ DUFOUR.
Non, je te demande...

ROSE.
Il paraît qu'il a reçu des dépêches très importantes.

Mᵐᵉ DUFOUR.
Mais je te demande à qui tu parlais ?

ROSE.
C'est à vous, ma tante.

Mᵐᵉ DUFOUR.
Là... à la fenêtre ?

ROSE.
A la fenêtre...

Mᵐᵉ DUFOUR.
Oui... tu faisais signe...

ROSE.
Ah !.. c'était à mon oncle, qui passait dans la rue ; il a détourné par-là ; on le voit encore d'ici.

(Elle montre par la porte ouverte du fond le côté opposé à celui par lequel entre le major.)

SCÈNE III.

Mᵐᵉ DUFOUR, ROSE, LE MAJOR DUFOUR.

LE MAJOR, entrant par la porte du premier plan à droite.
Parbleu ! voilà qui est singulier !

ROSE, se retournant et surprise.
Ah !

Mᵐᵉ DUFOUR, à Rose.
Eh bien !.. qu'est-ce que tu disais donc ?.. Le voici.

ROSE, embarrassée.
Comment !.. ce n'est pas vous, mon oncle, qui étiez là... dans la rue ?

LE MAJOR.
Eh ! non, puisque j'étais dans la chambre de ma bru.

ROSE, embarrassée.
Il faut que ce soit alors quelqu'un qui vous ressemble.

Mᵐᵉ DUFOUR.
Je parie que c'est encore le percepteur ; je l'ai toujours pris pour M. Dufour.

LE MAJOR, allant à Mᵐᵉ Dufour. *
Comment ! toujours ?

Mᵐᵉ DUFOUR.
De loin.

LE MAJOR.
Ah ! ça s'explique... Mais ce que je ne puis pas m'expliquer, moi, c'est ce qui vient de m'arriver.

Mᵐᵉ DUFOUR.
Quoi donc ?

LE MAJOR.
Je m'occupais galamment à orner les jardinières de notre belle-fille, quand tout-à-coup... je ressens une douleur au mollet... Je me retourne, et j'aperçois à terre ce papier.

ROSE.
Une lettre !

LE MAJOR.
Arrivée par la fenêtre au moyen d'un léger

* Mᵐᵉ Dufour, le Major, Rose.

caillou qui est venu me frapper juste là, (Il montre sa jambe.) entre les gémeaux.

ROSE, à part.

Dieu ! c'est de lui !

Mme DUFOUR.

Mais qu'est-ce que c'est que ce papier ? Il faut le lire.

LE MAJOR.

Certainement, mais je ne sais que le français, et la lettre est en anglais.

Mme DUFOUR.

Vous êtes certain ?

LE MAJOR.

Parbleu ! vois plutôt.

Mme DUFOUR, essayant à lire.

God...

LE MAJOR.

Goddam? C'est de l'anglais pur...

Mme DUFOUR.

Eh bien ! mais Rose le sait.

ROSE, à part.

Oh !

LE MAJOR.

C'est juste... Elle a même eu un prix à sa pension... Parbleu ! voilà qui est heureux!.. Que l'on nie encore les avantages de l'éducation!.. Tu vas nous lire ça couramment, fillette.

ROSE, troublée.

Mon oncle...

Mme DUFOUR.

Allons, voyons, vite... traduis. Qu'y a-t-il ?..

ROSE, traduisant.

Que Dieu me sauve, si vous ne prenez pitié... (Bas.) de mon amour.

LE MAJOR.

Hein ?..

ROSE, se reprenant.

Pitié de moi !

Mme DUFOUR.

Comment!.. c'est donc quelqu'un qui demande l'aumône ?

ROSE, vivement.

Justement... Oui, c'est une quête.

LE MAJOR.

Une quête?..

ROSE.

Une demande de souscription...

LE MAJOR.

Pour les chouans !..

Mme DUFOUR.

Ah ! j'y suis... On aura voulu jeter ce papier chez notre voisin.

LE MAJOR.

Le marquis de Beauregard.

ROSE, vivement.

C'est cela.

LE MAJOR.

Au fait, cette manière mystérieuse...

ROSE.

Mais, mon oncle, cela n'a aucune importance.

LE MAJOR.

Peut-être... Je me souviens toujours de ce que disait le grand homme : « Défiez-vous de l'Angleterre. »

~~~~~~~~~~~~~~~~~~~~~~~~~~~~~~~~~~

SCÈNE IV.

Mme DUFOUR, STELLA, LE MAJOR DUFOUR, ROSE.

STELLA, entrant par le fond ; elle a entendu les dernières paroles du major.

Eh bien ! il avait tort, papa !

LE MAJOR.

Ah ! c'est vous, chère enfant !

STELLA.

Je suis anglomane, moi, depuis que j'ai fait un voyage à Londres.

LE MAJOR.

Vous êtes allée à Londres?

STELLA.

Yes dear father.

Mme DUFOUR.

Elle sait l'anglais?

STELLA.

Comment donc ! je lis Byron.

Mme DUFOUR.

Ça se trouve à merveille. *

(Elle passe derrière Stella et le major, et va près de Rose comme pour lui dire : Nous allons savoir au juste ce dont il est question.)

LE MAJOR.

En effet... vous allez me traduire cette lettre.

ROSE, à part.

Ciel !

LE MAJOR.

Figurez-vous que je l'ai reçue...

STELLA.

Par la poste ?

LE MAJOR.

Entre les gémeaux de la jambe gauche, dans votre chambre...

Mme DUFOUR.

Voyons !..

STELLA, lisant.

« Que Dieu me sauve, si vous ne prenez pitié de... » (A part.) L'écriture de Raoul !..

LE MAJOR, à Mme Dufour.

Il paraît qu'il y a réellement une difficulté... Elle s'arrête précisément au même endroit que Rose.

STELLA, à part, sans entendre le major.

Me compromettre ainsi...

LE MAJOR.

Eh bien ?

STELLA, à part.

M'adresser une pareille prière !

LE MAJOR, qui a entendu les derniers mots.

Comment ! c'est une prière ?

---

* Stella, le Major, Mme Dufour, Rose.
~~~~~~~~~~~~~~~~~~~~~~~~~~~~~~~~~~

STELLA, vivement.
Une pièce... oui... le chant national des Anglais.

LE MAJOR.
Ah! le God save the?..

STELLA.
Précisément: « Dieu sauve la reine. »

LE MAJOR, prenant la lettre.
Mais, je vois ici... Love.

STELLA.
Eh bien... c'est... la reine d'Angleterre.

LE MAJOR.
Ah! Love... c'est la reine d'Angleterre?

Mme DUFOUR.
Un seul petit mot connu, ça veut dire...

STELLA.
L'anglais est une si belle langue!

ROSE, à part.
Elle ne me trahit pas! C'est bien de sa part...

Mme DUFOUR.
C'est singulier... Rose disait qu'il était question d'une souscription.

STELLA, tressaillant.
Ah! Mademoiselle comprend l'anglais?

LE MAJOR.
Certainement...

Mme DUFOUR.
Comment, alors, n'êtes-vous pas d'accord?

LE MAJOR, d'un air profond, mettant la lettre dans sa poche.
Vois-tu? ma chère, ceci me confirme dans une idée que j'ai toujours eue... C'est que les Anglais n'ont pas de langue. Ils font semblant de se comprendre, par orgueil national. Du reste, j'en aurai le cœur net...

STELLA, voulant détourner la conversation, vivement.
Ah! j'oubliais... Le colonel vous attend.

ROSE, vivement aussi.
Oui, il a reçu des dépêches.

LE MAJOR.
Très bien, je vais le rejoindre.

Mme DUFOUR.
Et moi, je te suis.

ENSEMBLE.

Air : Mais vraiment oui, c'est de la folie. (Le Métier et la Quenouille.)

LE MAJOR.

Nous saurons avant peu quel mystère
L'Anglais, morbleu! nous cache ici :
Un major sait les ruses de guerre,
Et je déjoûrai cell-ci.

Mme DUFOUR.

Nous saurons avant peu quel mystère
Ce billet-là nous cache ici :
Le major sait les ruses de guerre;
Il peut déjouer celle-ci.

STELLA et ROSE.

Croyez-moi, laissez là ce mystère,
Je n'y vois rien, non, Dieu merci,

Rien de grave, et vraiment cette affaire
Ne doit pas vous troubler ainsi.

(Le major sort par le fond avec Mme Dufour.)

SCÈNE V.

STELLA, ROSE.

STELLA, à part, avec indignation.
Ah! M. de Serval!... Sans le danger qui le menace, j'aurais certainement parlé.

ROSE, à part.
Pauvre jeune homme! il faut qu'il m'aime bien, pour s'exposer ainsi!

STELLA, à part, regardant Rose.
Elle a lu la lettre.

ROSE, à part, regardant Stella.
Elle sait l'anglais.

STELLA, de même.
Me voilà son obligée... Quelle sotte position!

ROSE, de même.
Il faut la ménager, maintenant... Comme c'est désagréable! (Stella s'assied et prend une tapisserie; Rose s'approche d'elle avec un air aimable.) Vous allez travailler, ma cousine.

STELLA.
Si je ne vous gêne point...

ROSE, aimable.
Oh! comment donc! au contraire.... J'aurai tant de plaisir à causer avec vous... (Lui apportant un tabouret pour mettre ses pieds.) Prenez donc ce carreau!..

STELLA.
C'est trop d'obligeance... Mais ne voulez-vous point vous asseoir, là, près de moi, ma chère Rose?

ROSE.
Bien volontiers, ma bonne cousine. (Elle va prendre la chaise qui est près de la table à droite et dit à part.) Pourvu qu'elle ne me parle pas de la lettre.

STELLA.
Il faut que je sache si elle a deviné. (Rose s'assied près de Stella. (Haut.) C'est une singulière chose que ce papier trouvé par le major.

ROSE, à part et tremblante.
Ah! justement, voilà l'explication qui commence.

STELLA.
Vous veniez de traduire la lettre quand je suis arrivée?

ROSE, troublée.
C'est-à-dire... j'avais essayé.

STELLA, la regardant.
Enfin... vous avez vu de quoi il s'agissait?

ROSE.
Ma cousine... (A part.) Comment éviter un aveu?

STELLA, confidentiellement.
Voyons... entre nous... Vous avez dû comprendre?

ROSE, à part.

Oh! quelle idée! (Haut.) Eh bien! non... ma
nsine.

STELLA.

Comment?... Vous savez l'anglais, pourtant?...

ROSE, hésitant.

Je l'ai appris quelques mois en pension.

STELLA.

Et vous avez oublié?

ROSE, comme faisant un aveu forcé.

Tout-à-fait, sans oser l'avouer à mon oncle...

STELLA, étonnée.

Alors, vous n'avez rien compris?..

ROSE, vivement

Absolument; mais n'en dites rien.

STELLA.

Oh! je vous promets le secret. (Se levant, à
part.) Et moi qui allais me trahir. Voyez-vous ces
petites provinciales qui font semblant de savoir
ce qu'elles ne savent pas?.. Il est vrai que souvent elles font semblant de ne pas savoir ce
qu'elles savent... Il y a compensation.

ROSE, à part.

J'aime mieux passer pour une ignorante, et
détourner les soupçons.

STELLA, riant et d'un air dégagé.

Ah! je suis vraiment désolée, ma chère, d'a-
voir contredit l'explication que vous aviez donnée au major... C'était fort original d'avoir vu
une demande de souscription dans un chant national.

ROSE, stupéfaite.

Un chant national!.. Comment!.. c'était, vraiment...

STELLA.

Une espèce d'oraison politique...

ROSE.

Vous êtes sûre d'avoir compris?

STELLA, avec aplomb.

Parfaitement.

ROSE, à part, vivement.

Mais c'est elle qui ne sait pas l'anglais... Oh!
ces Parisiennes!.. Quel charlatanisme!... Alors
il n'y a pas eu de discrétion de sa part... Je ne
lui dois donc rien... Ah! ça me soulage...

STELLA, à part.

Ça m'humiliait de devoir un service à cette
petite... Mais elle n'a rien compris, je suis tranquille...

ROSE, haut, sèchement.

Vous rentrez chez vous... Madame?

STELLA, de même.

Oui, Mademoiselle...

(Elles se saluent. Stella se dirige vers la chambre à
droite; Rose passe à gauche.)

ROSE, à part, en traversant la scène.*

Ce que c'est pourtant qu'un malentendu!..
Nous avons failli devenir amies!...

* Rose, Stella.

SCÈNE VI.

ROSE, JÉRÔME, venant du fond, STELLA.

JÉRÔME, à la cantonnade.

C'est bien inutile, allez... tout-à-fait inutile...

STELLA, s'arrêtant sur le seuil de sa chambre.

Quoi donc?

JÉRÔME.

C'est le colonel qui veut faire cerner le quar-
tier, pour trouver Feuille-de-Chêne.

ROSE et STELLA.

Ah!...

JÉRÔME, regardant Rose avec intention.

Oh! ils ont si bien pris leurs mesures, que
s'il était dans la maison d'à côté, comme ils le
disent, il serait bien impossible qu'il leur
échappe... Il y a déjà des soldats plein la rue...

ROSE, à part.

O mon Dieu!

STELLA, à part.

A tout prix, il faut l'arracher à ce danger.

JÉRÔME, continuant.

Heureusement qu'il y a long-temps qu'il n'est
plus à Ancenis.

STELLA, bas, à Jérôme.

Il y est toujours...

JÉRÔME, de même.

Plaît-il?

STELLA, de même.

Et c'est toi qui l'as caché dans la maison voisine.

JÉRÔME, de même.

Chut!

STELLA, de même.

Il peut encore s'échapper par la ruelle...
Remets-lui ce sauf-conduit... Qu'il parte sur-le-
champ.

JÉRÔME, de même.

Oh!

STELLA, bas.

Silence!

(Elle rentre chez elle, à droite.)

ROSE, vivement, avec précaution.

Jérôme!

JÉRÔME.

Mademoiselle!

ROSE.

Remets-lui ce passeport.

JÉRÔME, à part.

Encore?.. (Haut.) Vous avez donc pu?..

ROSE.

Chut!..

(Elle va vers la fenêtre.*)

JÉRÔME, à part.

Notre curé, qui dit qu'on se perd par les femmes... Moi, je dis que c'est par elles qu'on se
sauve...

ROSE.

Mais va... va donc!

* Jérôme, Rose.

JÉRÔME.

Je cours, Mam'zelle.

(Il sort.)

SCÈNE VII.

ROSE, puis, RAOUL.

ROSE, seule, d'abord.

Pourvu qu'il arrive à temps... (Regardant à la fenêtre.) Les militaires occupent la ruelle... Impossible qu'il sorte maintenant! (Faisant un pas vers le fond.) Jérôme arrivera trop tard!.. (Raoul paraît à la fenêtre de droite. Rose, avec un cri d'effroi.) Ah !..

RAOUL, sautant dans le salon.

Silence ! je vous en conjure...

ROSE.

Ah ! Monsieur... que venez-vous faire ici ?..

RAOUL.

Ma demeure va être cernée... Je n'ai eu que le temps d'escalader le mur mitoyen... et je vous demande un asile.

ROSE.

Un asile!.. Mais vous oubliez donc, Monsieur, que vous êtes ici chez le maire... près du colonel.

RAOUL.

Précisément, ce n'est pas là qu'on viendra me chercher.

ROSE.

Y pensez-vous?.. Mais c'est vous perdre à plaisir... Mon Dieu! vous ne commettrez donc que des imprudences? Tout à l'heure, encore, cette lettre...

RAOUL.

Vous l'avez reçue ?

ROSE.

Elle a failli tout faire découvrir. Cette chambre où vous l'avez jetée... n'est plus la mienne.

RAOUL.

Ah ! diable !

ROSE.

Heureusement que ce danger est passé... Maintenant, c'est pour vous que je tremble.

RAOUL.

Ne craignez rien: le major et le colonel sont occupés... Que m'importe, d'ailleurs, le péril, puisque j'ai le bonheur de vous voir?.. Ah ! quoi qu'il arrive, cet instant me paie de toutes mes souffrances, de toutes mes angoisses, de tous mes désespoirs... C'est comme un doux rayon du soleil jeté dans la nuit du proscrit... (A part.) Ça doit réussir en province, ce style-là !..

ROSE.

Monsieur... de grâce... songez qu'on peut venir...

RAOUL.

Non... je ne veux songer qu'à vous... (Avec passion.) Rose... (Rose recule effrayée ; il lui prend la main.) Permettez-moi de vous appeler Rose... Si vous saviez combien votre rencontre dans la vie m'a causé de trouble et de surprise...

ROSE, étonnée.

De surprise !..

RAOUL.

Oui, Rose... Avant de vous connaître, j'avais rêvé une femme douée de tous les mérites... embellie de toutes les grâces... C'était une vision, une chimère... je la croyais accomplie !.. Mais quand je vous ai vue, j'ai senti toute l'imperfection de mon idole; chacune de vos apparitions à cette fenêtre me rappelait un charme dont j'avais oublié de la parer... Que vous dirai-je, enfin... je n'ai pu résister plus long-temps. je me suis senti subjugué... amoureux...

ROSE.

Monsieur !..

RAOUL, à part.

Mais, réellement amoureux.

ROSE.

Mon Dieu! quel dommage que j'aie si grand'peur !

RAOUL, avec chaleur.

Vous ne répondez rien... Rose?.. Ne devinez-vous donc point que vous êtes tout pour moi?.. que, sans vous, la vie m'est odieuse?

Air du Bon Ange.

> Toi seule occupe ma pensée,
> Et dans quelque lieu que je sois...
> Nuit et jour mon ame insensée
> Voit ton image, entend ta voix.
> Mes jours, mon cœur... je te les livre,
> O ma Rose, tout est à toi.
> Dis si je dois mourir ou vivre.
> Pitié pour moi !

(Il tombe à genoux.)

ROSE.

Que faites-vous?.. Relevez-vous... relevez-vous, Monsieur!..

RAOUL, avec énergie.

Je ne quitterai point cette place que vous ne m'ayez répondu.

ROSE.

Je vous en prie, Monsieur...

RAOUL, de même.

Non!..

ROSE, remontant la scène.

On vient.

RAOUL, se levant vivement et passant à gauche.*

Ah ! diable !... Qui cela?

ROSE, qui regarde à la porte.

Non... je me suis trompée... Mais, n'importe!.. ma tante peut arriver, vous ne pouvez rester ici... Monsieur... J'ai remis pour vous un passeport à Jérôme... je vais tâcher de le rejoindre... il vous ouvrira la petite porte du jardin qui donne sur la campagne.

____
* Raoul, Rose.

RAOUL.

Mais, permettez,.. En votre absence, on peut venir.

ROSE.

Eh bien!... alors... au moindre bruit, entrez... là!

(Elle montre sa chambre à gauche.)

RAOUL.

Dans cette chambre ?..

ROSE.

Il y a une porte de l'autre côté... je viendrai vous l'ouvrir.

RAOUL.

Encore un mot.

ROSE.

Non, non, je cours chercher Jérôme.

(Elle sort vivement par le fond.)

SCÈNE VIII.

RAOUL, seul.

Adorable! c'est un ange!.. Mais c'est qu'en vérité, là, tout à l'heure, pendant que je lui débitais les lieux communs déjà répétés à mille autres, je sentais que, malgré moi... j'étais ému, que je finissais par éprouver sérieusement ce que je disais...

SCÈNE IX.

RAOUL, STELLA, sortant de la chambre à droite.

STELLA, à elle-même.

Impossible de le sauver maintenant! (Apercevant Raoul.) Ciel!..

RAOUL, la voyant.

L'autre!..

STELLA.

Comment!.. c'est vous, Monsieur ?

RAOUL.

Je voudrais en vain le nier, ma cousine.

STELLA, avec agitation.

Ce n'est point assez de cette malheureuse lettre que vous avez jetée dans ma chambre, Monsieur!

RAOUL.

Vous l'avez reçue ?

STELLA.

Sans doute.

(Elle remonte avec inquiétude, regardant vers le fond de la scène.)

RAOUL, à part.

Et elle a cru que c'était pour elle! Au fait, ma cousine est la première en date; elle a des droits... et je ne puis, sans manquer à toutes les convenances...

STELLA, redescendant la scène.

Mais, c'est de la folie! c'est du délire!..

RAOUL, avec une passion jouée.

Eh bien!.. oui, ma cousine, c'est du délire. Quand j'ai su que vous étiez ici, tous les souvenirs du passé se sont reveillés dans mon âme; votre apparition a été comme un doux rayon de soleil jeté dans la nuit du proscrit!

STELLA, stupéfaite.

Qu'est-ce qu'il dit ?.. qu'est-ce qu'il dit?

RAOUL.

Ah! pourquoi, en brisant les espérances que vous m'aviez permis de former, n'avez-vous point aussi brisé mon amour ?..

STELLA, blessée.

Ah! cette inconvenance !..

RAOUL.

J'aurais voulu retenir cet aveu, il m'échappe!

(Même air.)

> Toi seule occupe ma pensée,
> Et dans quelque lieu que je sois,
> Nuit et jour mon âme insensée
> Voit ton image, entend ta voix.
> Mes jours, mon cœur je te les livre.
> O ma Rose...

(Se reprenant.)

> Ma Stella !.. tout est à toi.
> Dis si je dois mourir ou vivre.
> Pitié pour moi !

(Il tombe à genoux.)

STELLA.

Que faites-vous ?.. Raoul... Mais, relevez-vous donc... Ah! quelqu'un.

RAOUL.

Quelqu'un ? *

STELLA.

Mon mari !

RAOUL.

Le colonel! il a mon signalement.

STELLA, effrayée.

Cachez-vous... ou vous êtes perdu... là...

(Elle lui montre sa chambre à droite.)

RAOUL, montrant l'autre chambre.

Mais, je pourrais...

STELLA.

Entrez donc...

(Elle le pousse dans sa chambre.)

SCÈNE X.

ROSE, STELLA.

ROSE, entrant vivement.

Voici mon oncle et le colonel. (Apercevant Stella.) Ah! ma cousine!..

STELLA, à part.

Ce soir, je le ferai partir.

* Stella, Raoul.

ROSE, à part, regardant autour d'elle et montrant la chambre à gauche.

Il se sera caché là. Ah! il a laissé la clef à la porte! Quelle imprudence!..

(Toutes deux retire la clef de leur chambre et se retournent au bruit que fait la serrure; elles se regardent en restant clouées sur place.)

SCÈNE XI.

ROSE, LE MAJOR DUFOUR, Mme DUFOUR, EDOUARD, STELLA.

EDOUARD, tenant la lettre anglaise à la main.

Mais je vous dis que non...

STELLA, à part.

Ah! la lettre de Raoul!

ROSE, à part.

Que vois-je?..

LE MAJOR.

Mais, Rose l'a lue.

Mme DUFOUR.

Et ta femme aussi.

EDOUARD.

Et elles ne s'entendent pas? preuve qu'elles n'ont pas compris.

ROSE, vivement.

Pardon, je suis maintenant de l'avis de ma cousine.

EDOUARD, à Stella.

Mais, vois donc, ma bonne amie. (Il lit en prononçant à la française.) *God save me if you dont pity my.*

STELLA, éclatant de rire, imitant Edouard.

If you dont pity my... Ah! ah! ah! (A Rose.) comprenez-vous?

ROSE.

C'est du cochinchinois.

EDOUARD.

Air : Je suis français, mon pays avant tout.

Mon Dieu, ces mots je puis mal vous les dire,
Mais, pour le sens, j'en suis sûr.

STELLA, ironiquement.

Ah! vraiment.

LE MAJOR, secouant la tête.

Tiens! tiens! mon cher, j'ai peur, à te vrai dire,
Que, comme moi, tu sois un ignorant.

Mme DUFOUR, avec un sourire.

Oh! oui, mon fils, tu n'es qu'un ignorant.

STELLA, moqueuse.

Ignorant?... fi! Major, c'est du civisme.
Parlant anglais, il ne veut pas, surtout,
Faire douter de son patriotisme...
Il est français... son accent avant tout.
Ne doutez pas de son patriotisme :
Il est français, son accent avant tout.

EDOUARD.

Mais, enfin, j'en sais assez...

STELLA.

Vous ne savez rien, mon cher.

EDOUARD.

Pardonnez-moi.

STELLA.

Je connais bien votre science peut-être, moi, votre professeur!.. Vouloir faire le docteur au bout de quinze leçons!..

EDOUARD.

Parbleu! vous me piquez!.. et si j'avais là mon *poket*-dictionnaire!..

LE MAJOR.

Rose en a un.

Mme DUFOUR, allant à la chambre de Rose.

Je vais vous le donner.

ROSE et STELLA, à part.

Ciel!..

EDOUARD.

Eh bien! nous allons voir...

Mme DUFOUR.

Eh bien!.. où est donc la clef?..

ROSE, troublée.

Comment?.. Est-ce qu'elle n'y est pas?

Mme DUFOUR.

Non...

ROSE, au major.

Vous l'avez prise... mon oncle?..

LE MAJOR.

Moi?.. pourquoi faire?

ROSE.

Alors, je ne comprends pas... C'est donc Jérôme?..

Mme DUFOUR, revenant à la place qu'elle occupait.

Allons, voilà encore une clef d'égarée!

STELLA, à part.

Ah! je respire. (Haut.) J'en suis certaine, nous aurions confondu Monsieur.

EDOUARD. *

C'est ce que nous saurons plus tard... Mais je veux toujours voir d'où cette lettre a pu être jetée ici...

STELLA.

Mon Dieu! par cette fenêtre, sans doute.

(Elle montre la fenêtre du fond.)

EDOUARD.

Mais non, puisque c'est dans votre chambre qu'elle est tombée.

STELLA.

Dans ma chambre?..

EDOUARD, qui s'est avancé vers la porte à droite.

Oui, et avant tout, il faut examiner... Eh bien! il n'y a pas de clef non plus!..

LE MAJOR.

Pas de clef?..

EDOUARD, à Stella.

Vous l'avez donc, chère amie?..

* Rose, le Major, Mme Dufour, Stella, Edouard.

STELLA.

Moi? du tout.

Mᵐᵉ DUFOUR.

Ah çà! toutes les clefs sont donc perdues aujourd'hui?

ROSE.

C'est étrange !..

STELLA.

Oh! mon Dieu! on la retrouvera au moment où l'on s'y attendra le moins...

EDOUARD, qui s'est approché de Stella.

Ce ne sera pas difficile... vous l'avez.

STELLA.

Moi?

EDOUARD, montrant la poche du tablier de Stella.

Dans votre poche... là.

STELLA, à part.

Ah! (Haut.) C'est vrai... je l'avais oubliée...

(Elle prend la clef et la met dans l'autre poche.)

EDOUARD, tendant la main.

Alors...

STELLA.

Plaît-il ?

EDOUARD.

La clef?

STELLA.

Eh bien?

EDOUARD.

Puisque vous l'avez.

STELLA.

Je la garde...

LE MAJOR.

Oh! qu'elle est gentille.

ÉDOUARD.

Pardon, ma chère... mais j'ai besoin d'entrer dans cette chambre.

STELLA.

Chez moi?.. sans ma permission ●

ÉDOUARD.

Quel enfantillage... Eh bien ! je vous la demande...

STELLA.

A la bonne heure... Alors, moi... je vous la refuse.

Mᵐᵉ DUFOUR, au major.

Qu'elle est gentille!..

LE MAJOR, de même.

Une vraie Parisienne !..

STELLA, riant.

Oh! mais, voyez donc, maman, cette figure! Il est près de se fâcher... Au fait j'oubliais que M. le colonel est en train de faire des perquisitions; mais je ne suis pas dans les suspects, moi !..

ÉDOUARD, impatienté.

Allons... c'est assez plaisanter... Stella.. Cette clef... je vous en prie... je le veux...

STELLA, feignant d'être blessée.

Hein ?.. Avez-vous entendu, Maman?

Mᵐᵉ DUFOUR, indignée.

Il a dit : Je le veux ! à sa femme!

LE MAJOR.

Edouard!

ÉDOUARD, à Stella.

Mais, enfin, quelle raison avez-vous pour m'empêcher d'entrer ?

STELLA, hautaine.

Que vous importe?.. Tout à l'heure, peut-être, j'aurais pu vous le dire... mais, maintenant, j'aurais l'air de céder à un ordre... Et puisque vous déclarez que vous le voulez, Monsieur, je suis obligée de vous répondre, moi, que je ne le veux pas !..

Mᵐᵉ DUFOUR.

Très bien! (Bas.) Quand on cède une première fois à son mari, il en prend l'habitude...

ÉDOUARD, en colère.

Ah ! vous le prenez sur ce ton, Madame? Eh bien! parbleu ! j'entrerai sans votre autorisation,

LE MAJOR, allant à lui.

Mon fils!.. du calme.

ÉDOUARD, plus en colère.

Et tout de suite !

STELLA.

Je vous en défie!

ÉDOUARD, exaspéré.

Vraiment? Eh bien! je n'en aurai pas le démenti... et quand je devrais forcer cette porte.

(Il fait un pas vers la porte.)

Mᵐᵉ DUFOUR.

Ah! quel horreur !

LE MAJOR, se mettant devant la porte.

Edouard ! y penses tu ?..

ÉDOUARD.

Elle m'a défié!...

STELLA, avec une dignité douloureuse.

Arrêtez, Monsieur, je ne veux point de bruit, de scandale... Puisqu'une plaisanterie devient ainsi pour vous une cause d'emportement, qu'elle peut vous amener à des menaces... je ne m'engagerai point dans un débat sans dignité... Voici cette clef.

ÉDOUARD.

Ah !

STELLA.

C'est à ma mère que je la remettrai.

(Mouvement de dépit d'Édouard.)

Mᵐᵉ DUFOUR.

A moi ?

STELLA.

Entrez vous-même dans cette chambre, maman, et que Monsieur vous suive, s'il le désire... puisqu'on se défie de moi ici.

Mᵐᵉ DUFOUR, émue.

Se défier de vous!.. par exemple!.. Gardez cette clef... je le veux.., et je vous défends de la donner à votre mari... (A Edouard.) Vous devriez mourir de honte, Monsieur. ●

* Rose, Stella, Mᵐᵉ Dufour, Edouard, le Major

ÉDOUARD.

Mais, ma mère...

LE MAJOR.

Elle a raison... tu n'as pas le sens commun.

(Il va à la droite de Stella pour la consoler.*)

ROSE.

Ah! c'est très mal, mon cousin...

ÉDOUARD, impatienté, à part.

Allons, les voilà tous contre moi !

(Mᵐᵉ Dufour, le Major et Rose entourent Stella.)

Mᵐᵉ DUFOUR, à Stella.

Voyons, ma chère fille, est-ce qu'on prend garde à ce que dit un mari?

LE MAJOR, à Stella, avec bonhomie.

C'est vrai : est-ce qu'on prend garde à ce que dit... un mari? Ah! mon Dieu! elle pleure. (A Édouard, avec colère.) Tu la fais pleurer!..

Mᵐᵉ DUFOUR, furieuse.

Mauvais cœur !

ÉDOUARD, à lui-même.

Il faut se contenir... Le seul moyen de couper court est de dire comme eux.

ROSE, à Édouard.

Je vous croyais un meilleur caractère, mon cousin.

ÉDOUARD, avec contrainte.

Eh bien!.. c'est possible... J'ai peut-être été trop vif... j'ai eu tort.

LE MAJOR, à Stella.

Ah! il en convient!

Mᵐᵉ DUFOUR.

Il faut qu'il s'excuse...

STELLA, vivement.

Non... Dès qu'il se repend, je veux tout oublier...

(Elle tend la main à Édouard.**)

LE MAJOR.

Est-elle bonne !

Mᵐᵉ DUFOUR.

Cent fois trop bonne...

(Bas, au major.)

M. Dufour, laissons-les ensemble!.. Les raccommodemens vont bien plus vite en tête-à-tête.

LE MAJOR, bas.

C'est vrai ! (A part.) Elle a bonne mémoire, Mᵐᵉ Dufour. (Haut, à Édouard.) Je vais examiner ces papiers, que nous avons saisis chez Feuille-de-Chêne.

ÉDOUARD.

C'est cela.

ROSE, à part, regardant sa chambre.

Et, moi, je vais lui ouvrir la porte, pour qu'il puisse s'échapper.

* Rose, le Major, Stella, Mᵐᵉ Dufour, Édouard.
** Rose, le Major, Mᵐᵉ Dufour, Stella, Édouard.

Air : C'en est fait, le ciel même. (Pré-aux-Clercs.)

LE MAJOR et Mᵐᵉ DUFOUR.

Dans mon jeune ménage,
Il m'en souvient toujours,
C'était d'un jour d'orage
Que naissaient les beaux jours.
Tête-à-tête , il me semble ,
Nous les rendions bien doux.
Laissons-les donc ensemble ,
Ils feront comme nous.

STELLA.

Les tromper , c'est dommage !
Mais que faire en ce jour ?
Me taire est le plus sage;
C'est aussi le plus court.
Mais malgré moi je tremble;
Je ne suis pas au bout.
Pour un rien , il me semble ,
Qu'ici j'avoûrais tout.

ÉDOUARD.

Ma femme a l'avantage ;
Bientôt j'aurai mon tour ;
Mais se taire est plus sage ,
Et surtout le plus court ;
Car , vraiment, il me semble ,
Pour me pousser à bout,
Qu'ils s'entendent ensemble,
Oh ! mais , je saurai tout.

ROSE.

Sans tarder davantage ,
Il faut que , dès ce jour,
A partir , je l'engage ,
Malgré tout son amour.
C'est facile, il me semble;
Pourtant , les tromper tous...
Ah ! malgré moi je tremble.
Mon Dieu , protège-nous !

(Sortie en musique.)

SCÈNE XII.

STELLA , ÉDOUARD.

STELLA , à part.

Impossible d'attendre le soir..... Il faut que Raoul parte sur-le-champ... S'il pouvait s'éloigner !

ÉDOUARD , à part.

Que diable peut-il donc y avoir dans cette chambre ? Je le saurai quand elle sera partie.

(Il s'assied.)

STELLA , à part.

Il s'assied ! Est-ce qu'il voudrait rester?.. (Haut.) Vous ne sortez pas, mon ami?

ÉDOUARD.

Non... J'attendrai ici le rapport de mes officiers...

STELLA , à part.

Ah ! mon Dieu !

ÉDOUARD.

Mais que je ne vous retienne pas, chère amie, si vous avez affaire.

STELLA.

Du tout... Je veux finir cette broderie.

(Elle s'assied de l'autre côté, une broderie à la main.)

ÉDOUARD.

Ce sera long ?

STELLA.

Oh ! non... trois petites heures.

ÉDOUARD, épouvanté.

Trois heures !.. (Allant vers elle.) Vous travaillez trop, ma chère... cela vous fatiguera...

STELLA.

Cela m'amuse.

ÉDOUARD, à part.

Elle ne veut pas s'éloigner... Il y a donc quelque chose ?..

STELLA.

Il a des soupçons... Si j'osais... mais il est trop jaloux.

ÉDOUARD, se détournant.

Hein ?

STELLA, de même.

Plaît-il ?

ÉDOUARD.

J'ai cru que vous me parliez.

STELLA.

Non.

ÉDOUARD.

Oh ! alors je vous demande pardon...

STELLA.

De votre conduite ?

ÉDOUARD.

De ma conduite ?..

STELLA.

C'est heureux !

ÉDOUARD.

Ah ! c'est juste : j'oublie que c'est moi qui ai tort...

STELLA.

Eh bien ! vous restez là... Est-ce ainsi que l'on s'excuse ? (Avec gentillesse.) Hein ?.. méchant...

ÉDOUARD.

Eh bien ! voyons, faisons la paix.

STELLA.

Certainement, faisons la paix.

(Il s'approche et s'assied près d'elle.)

ÉDOUARD, d'un ton interrogateur.

Comme tu le disais... ce n'était qu'une plaisanterie... n'est-ce pas ?..

STELLA.

Pas autre chose...

ÉDOUARD.

Si, au lieu de me fâcher... je t'avais priée de me donner cette clef...

STELLA.

Oh ! c'eût été bien différent.

ÉDOUARD, aimable.

Et bien ! ma bonne amie... je t'en prie.

STELLA, à part.

Il n'y a pas moyen d'échapper !

ÉDOUARD, comme plus haut.

Me refuseras-tu encore ?

STELLA.

Oh ! tu es étonnant !.. Tu tiens à ce que je cède... d'une manière ou d'une autre.

ÉDOUARD.

Céder !.. non, mais...

STELLA.

Tiens, cela me rappelle une histoire dont je veux te faire juge.

ÉDOUARD, impatient.

Une autre fois, ma chère.

STELLA.

Non... ce sera une leçon pour toi... Il s'agit d'une situation embarassante dans laquelle s'est trouvée une de mes amies.

ÉDOUARD, à part, avec impatience.

Au diable l'histoire !

STELLA, continuant.

Son mari est un brave et loyal militaire, plein de généreux sentimens, d'un dévouement à toute épreuve, (Avec sentiment.) et aimé de sa femme,... comme il le mérite.... Oh ! tu la connais.

ÉDOUARD.

Vraiment ? Qui donc ?

STELLA.

Je te dirai son nom tout à l'heure. Malheureusement, le mari, si excellent du reste... est jaloux et emporté...

ÉDOUARD.

Ah !

STELLA.

Oh ! ce sont deux bien vilains défauts, va...

ÉDOUARD.

Achève !

STELLA.

Eh bien ! un jour, en rentrant chez lui... sais-tu ce qu'il trouve chez sa femme ?..

ÉDOUARD.

Quoi donc ?

STELLA.

Un homme !

ÉDOUARD, se levant.

Un homme !

STELLA.

Qu'elle avait accueilli et caché... parce qu'il était malheureux... proscrit.

ÉDOUARD, à part.

Où veut-elle en venir ?..

STELLA, le regardant.

Un proscrit qui vient demander asile à son ennemi, ne trouves-tu pas qu'il y a quelque chose dans cette démarche qui touche... qui honore ?..

Air nouveau de M. Placet.

Quelque tort qu'il doive expier,
Son malheur même le protège ;
Le plus fort doit tout oublier:
Du succès c'est le privilége.
Frapper, prouverait seulement
Qu'on est son vainqueur et son maître;
Mais pardonner en le sauvant,
Prouve qu'on est digne de l'être.

ÉDOUARD.

Ainsi, le mari de ton amie.... sauva ce proscrit?..

STELLA.

Oui... C'est bien, n'est-ce pas?..

ÉDOUARD, avec franchise et simplicité.

Mon Dieu!.. c'est tout simple... Hors du combat, il n'y a plus d'ennemi, et c'est un bonheur de sauver un malheureux...

STELLA, avec joie.

Ah!.. (Elle prend lentement la clef, la présente à son mari, et dit avec une touchante simplicité qui peint toute sa confiance et toute son estime.) Voici la clef, mon ami.

ÉDOUARD, tressaillant.

Comment!.. ce mari...

STELLA.

C'était toi...

ÉDOUARD, montrant la chambre.

Et il y a là?..

STELLA, avec sentiment.

Un malheureux que tu sauveras... Tu l'as promis...

ÉDOUARD.

Mais comment se trouve-t-il là?

STELLA.

Vos perquisitions l'ont forcé de se réfugier dans cette maison.

ÉDOUARD.

C'est donc Feuille-de-Chêne.

STELLA.

Qui n'est autre que le chasseur d'hier.

ÉDOUARD, vivement.

Cet étranger... à qui vous donniez un papier en secret.

STELLA, vivement.

Un passeport... Et si je n'avais pas craint ta sévérité... celle de ton père... j'aurais avoué... tout de suite... Mais, maintenant, tu m'as rassurée...

ÉDOUARD.

C'est-à-dire... je veux savoir au juste... quel est cet homme.

STELLA, vivement.

Oh! Edouard... je vous ai confié ce secret sur l'assurance que vous veniez de me donner... Le proscrit qui se trouve là est désormais sous la sauve-garde de votre honneur...

ÉDOUARD.

Vous avez raison, Stella... je vous l'ai promis...

il sera sauvé. (Il va ouvrir la porte de la chambre de Stella.) Sortez, Monsieur.

SCÈNE XIII.

STELLA, EDOUARD, RAOUL.

RAOUL, un peu embarrassé, saluant Edouard.
Monsieur. (A Stella. *) Que de remercîmens, Madame...

STELLA, sérieusement.

C'est à mon mari qu'il faut les adresser... Monsieur.

RAOUL.

Colonel... croyez... ma reconnaissance..,

ÉDOUARD, allant à la table et y prenant un registre.

Il suffit, Monsieur.

RAOUL, à Stella, bas.

J'ai tout entendu... Vous êtes un ange... ma cousine...

STELLA.

Silence! malheureux!..

ÉDOUARD, présentant un passeport à Raoul.

Voici un sauf-conduit, Monsieur.

RAOUL,

Ah! il faut que je parte?

ÉDOUARD.

Tout de suite.

RAOUL.

Je pars!

ÉDOUARD.

Veuillez signer au registre : « M. de Renneville. »

RAOUL.

C'est juste.... la signature doit rester au talon.

STELLA.

Enfin, nous voilà hors de peine!

RAOUL, signant en disant tout haut.

« Renneville, » Il me reste, Monsieur, à vous renouveler mes remercîmens.

ÉDOUARD, qui a regardé la signature.

Dieu! je ne me trompe pas!..

RAOUL.

Hein!

ÉDOUARD.

C'est l'écriture de cette lettre en anglais, jetée dans votre chambre, Stella.

STELLA, à part.

Ciel !

RAOUL, à part.

Aïe!

ÉDOUARD, qui a tiré la lettre de sa poche et comparé les écritures.

Oui.... ** (A Stella.) Cette lettre vous était adressée, Madame... Ah! je saurai ce qu'elle renferme.

* Stella, Raoul, Edouard.
** Stella, Raoul, Edouard.

SCÈNE XIII.

LES MÊMES, JÉRÔME.

JÉRÔME, qui entend parler haut.

Qu'est-ce qu'il y a donc? (Apercevant Raoul.) Ah ! M. le comte !

RAOUL et STELLA.

Ciel !..

ÉDOUARD, courant à Jérôme.

Le comte !.. Que dis-tu? Monsieur serait...

JÉRÔME, épouvanté.

Colonel !..

ÉDOUARD, le secouant.

Réponds... malheureux... Tu le connais?

JÉRÔME, épouvanté.

Oui, colonel !

ÉDOUARD.

Et c'est le comte?..

RAOUL, avec dignité.

Le comte de Soran.

ÉDOUARD.

De Soran!.. lui?.. (Il fait signe à Jérôme de se retirer; Jérôme sort.) Ah! je comprends tout. (A Stella.) Il avait promis de se rapprocher de vous, Madame.

STELLA.

Edouard... ne croyez pas...

RAOUL..

Je vous jure...

ÉDOUARD.

Assez, Monsieur... Vous allez me suivre.

RAOUL.

Comment? Prétendez-vous abuser de votre position?

ÉDOUARD.

Non, Monsieur; je vous ai promis les moyens de fuir... je vous les fournirai... Mais, avant, vous aurez à me rendre compte...

STELLA, se précipitant vers Edouard.

Vous ne sortirez pas !..

ÉDOUARD.

Eh! Madame !..

SCÈNE XIV.

LES MÊMES, LE MAJOR DUFOUR. *

LE MAJOR.

Hein?.. Qu'est-ce que c'est?

STELLA.

Ah ! venez, Major, venez !

LE MAJOR.

Qu'as-tu donc, Édouard?

ÉDOUARD.

Laissez-moi, mon père : c'est une affaire à régler entre moi et M. de Soran.

LE MAJOR.

Tu sais donc ce qui l'amenait ici?..

* Stella, Edouard, le Major, Raoul.

ÉDOUARD.

Je sais tout, mon père... (A Raoul.) Venez, Monsieur.

LE MAJOR.

Bien! Édouard... Mais ce n'est pas toi que cela regarde !..

ÉDOUARD.

Comment! ce n'est pas moi...

LE MAJOR.

D'ailleurs, l'affaire peut encore s'arranger à l'amiable.

ÉDOUARD et RAOUL.

A l'amiable ?

STELLA, à part.

Que dit-il ?

LE MAJOR, confidentiellement, à Édouard.

Il faut le ménager... car elle l'aime.

ÉDOUARD.

Quoi! vous êtes sûr...

LE MAJOR, montrant un papier.

Je n'en puis douter... Cette lettre qu'elle lui a écrite...

ÉDOUARD, prenant le papier.

Une lettre !..

STELLA, à part.

Que signifie...

LE MAJOR, montrant Raoul.

Je l'ai trouvée parmi les papiers saisis chez Monsieur...

RAOUL, reconnaissant la lettre, à part.

Oh! étourdi que je suis !

ÉDOUARD, qui a lu.

De ma cousine!.. C'est de Rose?..

LE MAJOR.

Mais... certainement !

ÉDOUARD, avec la plus grande joie.

De Rose !.. Alors... c'était pour elle que Monsieur... Et la lettre en anglais?.. Oui, cette chambre était autrefois la sienne... Ah ! je m'explique tout, maintenant.

LE MAJOR.

Que lui prend-il donc ?

ÉDOUARD, courant à Stella.

Stella! Stella !.. Pardonne-moi... chère Stella. (Il l'embrasse.) Ah ! si tu savais quelle joie... (Il prend les mains du major.) Oh ! mon père, merci.

LE MAJOR, qui ne comprend pas.

Ah çà ! est-il fou ?

ÉDOUARD, présentant la main à Raoul.

M. le Comte, votre main... Je vous promets de vous faire comprendre dans l'amnistie. *

STELLA, à part.

Il était en corespondance avec la petite... et il feignait avec moi !.. Si j'étais coquette... ce serait humiliant !

* Stella, le Major, Édouard, Raoul.

SCÈNE XV.

STELLA, ROSE, LE MAJOR DUFOUR, Mme DUFOUR, EDOUARD. RAOUL.

Mme DUFOUR, à Rose; elles entrent par le fond.

Venez, venez... Mademoiselle, il le faut.

ROSE, honteuse.

Ma tante... je vous en prie...

LE MAJOR.

Allons... allons... avancez. Connaissez-vous
ceci?

(Il lui montre la lettre.)

ROSE, baissant les yeux.

Mon oncle...

EDOUARD, montrant la lettre en anglais à Raoul.

Et vous, M. le Comte, ceci?..

RAOUL.

Parfaitement...

STELLA, * passant devant Rose et devant le major.

Alors, tout est éclairci, mon cousin.

RAOUL, s'avançant vers Stella, ** d'un ton un peu
embarrassé.

Oui... en effet... tout est éclairci... puisqu'il
est clair...

STELLA.

Que M. de Soran veut cesser de vivre en
étourdi, et prendre une position respectable
en recherchant la main de ma cousine...

TOUS.

Vraiment !

RAOUL, étonné, bas, à Stella.

Hem? Vous voulez me marier?

STELLA, haut, continuant son idée.

Rose vous avait donné son consentement. Vous
n'attendiez plus que celui du major... n'est-ce
pas?

RAOUL.

En effet... je n'attendais plus... que...

STELLA.

Eh bien! il vous l'accorde.

RAOUL et ROSE.

Se peut-il?

LE MAJOR.

Oui. jeune homme.

Il fait passer Rose devant lui. Raoul passe devant
Stella. ***

RAOUL, avec une sorte d'élan.

Ah! Monsieur!.. (Baisant la main de Rose.)
Mademoiselle! (Bas, à Stella.) C'est qu'elle est
aussi très jolie!.. ma cousine, et si j'osais...

* Rose, le Major, Stella, Mme Dufour, Edouard,
Raoul.

** Rose. le Major, Stella, Raoul, Mme Dufour,
Edouard.

*** Le Major, Rose, Raoul, Stella, Mme Dufour.
Edouard.

STELLA.

Me remercier?.. Osez, osez, vous le pouvez.

RAOUL.

Eh bien! oui, je vous remercie... (Regardant
Rose.) Et du fond de mon cœur.

ROSE, passant près de Stella.

Ma bonne petite cousine, vous saviez donc....

STELLA, avec aplomb.

Je savais tout.

LE MAJOR.

Tout, et nous ne savions rien !

Mme DUFOUR, admirant.

C'est une fée !

LE MAJOR.

Un démon !

RAOUL.

Un ange !

ROSE, avec amitié.

Eh ! mon Dieu, non, c'est une Parisienne !

CHŒUR.

Air : Au plaisir, à l'amour, etc.

Que d'esprit! que d'adresse !
C'est vraiment merveilleux !
Grâces à sa sagesse,
Nous serons tous heureux.

Air : T'en souviens-tu.

LE MAJOR, au public.

Un mot encor, Messieurs, ne vous déplaise.
Moi qui parlai jadis à l'Empereur.

JÉRÔME, presque parlé.

A Bautzen.

LE MAJOR, de même, sans regarder Jérôme.

Le vingt mars.

JÉRÔME, de même.

Dix-huit-cent-treize.

LE MAJOR, de même.

Oui...

JÉRÔME, montrant le public.

Ces Messieurs sav'nt déjà ça par cœur.

LE MAJOR, parlé.

Quoi! vraiment! est-ce que j'ai déjà dit?.. (Au
public.) Ah! Messieurs, veuillez m'excuser, je
vous prie.

STELLA, continuant l'air.

Prier pour vous? non, mais pour moi, mon père;
La Parisienne a, par vos soins chéris,
De bons parens... Demandez qu'au parterre
Elle rencontre aussi de vrais amis;
Tout son espoir est que dans le parterre
Elle ait long-temps beaucoup de vrais amis.

REPRISE DU CHŒUR.

FIN.

Imp. de Mme DE LACOMBE, r. d'Enghien, 12.